U0690743

女儿在养老中的角色与养老模式变迁研究

北省哲学社会科学一般项目（后期资助项目）『女儿在养老中的色与养老模式变迁研究（批准号：2019139）』研究成果

田瑞靖 著

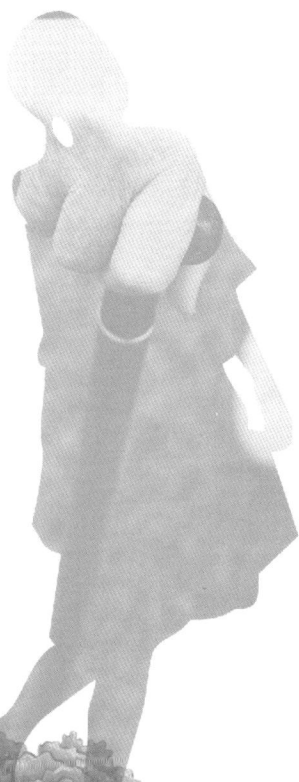

武汉大学出版社

WUHAN UNIVERSITY PRESS

图书在版编目(CIP)数据

女儿在养老中的角色与养老模式变迁研究/田瑞靖著.—武汉:武汉大学出版社,2021.3(2022.4 重印)

ISBN 978-7-307-21679-2

Ⅰ.女… Ⅱ.田… Ⅲ.养老—社会服务—服务模式—研究—中国 Ⅳ.D669.6

中国版本图书馆 CIP 数据核字(2020)第 138428 号

责任编辑:陈 红   责任校对:李孟潇   版式设计:马 佳

出版发行:**武汉大学出版社** (430072 武昌 珞珈山)

(电子邮箱:cbs22@whu.edu.cn 网址:www.wdp.com.cn)

印刷:武汉邮科印务有限公司

开本:720×1000 1/16 印张:11.75 字数:209 千字 插页:1

版次:2021 年 3 月第 1 版 2022 年 4 月第 2 次印刷

ISBN 978-7-307-21679-2 定价:39.00 元

前　言

　　随着经济转轨、社会转型以及人口流动的加剧，我国的养老模式发生显著变化，家庭养老中女儿发挥着越来越重要的作用。从女儿的养老角色变化来看，传统制度下女儿不具有赡养责任到转型期女儿的养老角色呈现多样化的趋势，我国家庭养老经历了性别角色的变化过程。同时，养老形式的变化也是家庭养老功能弱化趋势下家庭整合资源的策略性安排，更加需要社会化养老方式的支持与保障。因此，通过分析家庭养老中的变化即女儿的养老角色变化来探讨性别角色变化与家庭制度安排的变迁，对于认识我国家庭的变迁和社会化养老体系的建构，具有重要的理论和现实意义。

　　基于已有的女儿养老的相关研究，本研究根据女儿养老现象的表现与特征重新进行类型划分，将女儿的养老角色分为三种类型：制度约束型、能力辅助型和独立自觉型。这三种女儿养老的类型并存于当前社会中，同时它们也是我国性别平等观念在家庭养老制度中不断推进的过程体现。然后根据家庭策略的分析框架来探讨女儿养老的发展机制。在理论框架下，笔者利用微观调查数据，综合运用质性分析与计量分析方法，分别从性别地位、性别权利与性别观念对女儿的养老角色进行验证。

　　在对不同类型女儿养老的逻辑进行探索的过程中，笔者运用家庭策略的视角来探讨女儿养老的发展机制，主要遵循两条线索展开分析：主线是从女儿的角度来分析性别角色制度的变化对当代中国女性个体的主体性、性别观念及其家庭生活的影响，副线是从父母的角度来分析在社会变迁的过程中家庭养老的策略性行动以及相关的制度安排设置重构。这两条线索共同勾勒出当前女儿养老的逻辑和发展机制。

　　从女儿的角度来看，女儿养老是女性在性别角色制度变化的过程中，运用自身资源做出的策略性行动。中华人民共和国成立以来对妇女的解放以及将男女平等作为一项基本国策加以推进，极大程度上改变了中国女性的命运。女性享有与男性一样的平等权利，包括受教育权、就业权、家庭继承权、政治参与权等，不仅促进女性个人意识的觉醒，建构了女性的主体性，同时也提高了女性在社会、经济、家庭等方面的地位，千百年来被压抑的女性有了自己的话语权。在家庭领域，女性一直被忽视的作为女儿的身份得以彰显。而经济独立、婚姻模式与相应规范的改变以及家庭权力关系的变化等使得女性想要凸显自己的女儿角色变得容易起来，她们能够在赡养自己父母上发挥重要的作用。但是，新的养老规范的建立同样将女儿置于一种不利地位。作为传统性别制度中处于优势地位的男性仍然较多保留着传统的性别观念和性别期待，他们的观念转变并没有像女性那样迅速，因此家庭中夫妻之间往往会在如何赡养女方父母上产生不同看法，对女儿养老的实施产生一定阻力。最终女儿会改变策略，如在是否与父母同住和不同住但提供养老资源之间做出权衡，并选择最优方式来实现作为女儿的责任。

从父母的角度来看，随着人口变动与劳动力迁移流动的加剧，在传统的家庭养老遭遇困境以及社会养老支持不足的情况下，家庭养老缺乏子女资源，同时家庭权力关系的变化将老人处于弱势地位。一些家庭通过儿子的传统养老需求难以实现，养老质量难以保证，一些家庭中女儿是唯一的养老资源。父母利用女儿资源，将女儿纳入家庭养老的责任范围内，通过正式的或者非正式的制度安排以及女儿的自觉参与，将女儿养老的行动合法化、合理化。因此，女儿养老是作为行动主体的父母做出的策略性反应的结果。

在实证分析部分，本研究利用实地调查数据和经验材料，通过建构计量模型和定性分析方法，分别对三种女儿养老类型的机制进行解释和验证。第一，在女儿的制度约束型养老中，通过婚姻模式及婚后居住制度等制度的变革，家庭中性别关系发生扭转，形成了有利于女儿养老的家庭权力结构。从"招婿"婚姻到"两头走"婚姻模式的变化，实现了将儿子和女儿以平等的角色参与家庭养老的转变。第二，在女儿辅助参与养老的过程中，女儿的能力提升是女儿养老的关键。农村的家庭策略如教育投资策略对老年生活质量产生重要影响。在农村老年父母的养老观念发生变化的情况下，对子女的养老需求发生变化，女儿作为重要的养老资源被纳入家庭中。第三，独立自觉型养老中，以女儿的家庭角色转换为基础。以城市女儿养老为例，女儿的养老角色与儿子相当，在家庭居住安排的影响下，子女共同担负起双方父母的赡养，是性别角色转变与男女平等在家庭养老中的体现。

本书的主要研究发现，女儿的养老角色有三种类型。女儿养老的发展是性别角色变化对家庭养老制度的逐渐作用过程，也是社会性别制度的变化对我国家庭的影响过程。我国家庭养老中出现了从儿子养老到女儿参与养老，再到儿女平衡型养老的转变。养老模式中性别角色的变迁，既是社会性别地位变迁的反映，又是家庭发展策略和相关制度性安排的演进。同时需要注意的是，新的家庭养老模式的变化也是将家庭养老与社会养老有机结合，需要社会给予更多的养老支持的过程。因此，从性别视角分析养老模式的变迁，对分析家庭功能变化以及新型社会化养老体系构建，具有很强的现实意义。

本研究具有重要的政策含义。在全面建构女儿养老的发展轨迹和相应的家庭制度安排变迁的过程中，我们可以看到现代性别制度以及性别观念的变化对中国家庭价值观念的影响，并在更高的层次上重塑了人们的行为模式，体现出中国家庭强大的适应力和生命力。因此，我国社会化养老体系的建设要与家庭的发展紧密结合，对家庭给予有效的政策支持。此外，在新型城市化建设过程中不断推进性别平等，不仅是实现家庭发展的重要动力，也是经济社会发展的重要源泉。

本书的创新主要体现在，第一，对女儿的养老角色提出一个新的类型划分。本研究首次对女儿的养老角色进行归纳，提出三种类型的划分。第二，从性别视角分析养老模式的变迁，是一个新的视角。将性别视角引入养老模式的变迁，发现家庭养老的变化及其与社会养老的承接机制，具有重要的现实意义。第三，在研究方法上，综合运用质性分析与计量分析方法来研究女儿养老现象，克服已有研究只偏重一种方法的不足，有助于更加全面地分析女儿养老的发展机制。

目　　录

第一章 导 论

中华人民共和国成立以来，随着妇女解放运动的开展、男女平等作为一项基本国策的推进，以及社会转型与经济转轨不断深入带来的现代性力量的渗透，我国的社会性别制度发生了深刻的变化。社会性别制度的变化对个体、家庭以及整个社会产生了重要的影响。社会性别制度的变化一方面通过对女性的性别平等意识、主体性的建构与经济、社会、政治等方面地位的改善，深刻影响着中国女性的命运。另一方面通过对传统性别规则的重新定义，对基于男性中心主义的传统家庭制度提出了挑战，影响着家庭的生产、生活与交往方式。在男女平等推进的过程中，男性与女性在权利与义务上具有越来越平等的地位。家庭养老中儿、女都具有赡养父母的义务是法律所提倡的行为，也是人之常情。但是，传统性别文化的影响根深蒂固，习俗的力量往往主导人们的行为模式。在现实生活中，女儿养老如何打破传统性别规则的藩篱而得以实现？对这一问题的系统研究有利于更好地理解我国性别平等的进展及其对家庭与社会的影响。

第一节 研究背景与问题提出

一、研究背景

人是情感的综合体，每个人对生养自己的父母更是具有天然的情感联系，无所谓性别、年龄、地域的差别。在子女与父母的各个生命阶段，情感表达的方式会有所不同。当父母进入老年阶段，子女以"反哺"的方式来表达情感，给予父母关怀、照顾与支持。因而，子女赡养自己的父母是人之常情，是基本的情感表达。然而传统的以男性为中心的性别文化与家庭家族体系中，子女对父母的赡养要基于性别做出区别，儿子被赋予赡养父母、继承家产等权利，而女儿则被排除在这一体系之外。儿子养老是人伦天理，女儿则不是。"嫁出去的女儿、泼出去的水"，女儿的身份从一出生便被定义在本家庭家族之外，

"成为别人家的人"便是女儿的宿命，进而造成女性整个生命历程中的不平等待遇。社会性别的差异成为人们公认的价值准则，是人们普遍的认知观念。

1995年，在北京召开的联合国第四次世界妇女大会上将"社会性别观念纳入社会发展各个领域的主流"确定为促进性别平等的全球战略，要求各国对立法、公共政策和项目计划进行性别影响评估。中国是当时承诺将社会性别主流化的49个国家之一，并将性别平等作为基本国策。在推进性别平等的进程中，我国取得了巨大的进步。一系列促进男女性别平等的立法得到贯彻实施，保障了女性的受教育权、就业权、政治参与权等。在家庭中，男女也被赋予了平等的继承家产、赡养父母的权利①。但是在现实生活中，传统习俗的力量往往会压倒法律的力量，尽管法律赋予了女性与男性一样的平等继承权与赡养权，但是农村地区人们对女儿继承权的认同度却并不高②。不过，在赡养父母方面，女儿逐渐打破了习俗的藩篱，在父母的养老上发挥着越来越重要的作用。

女儿养老现象的出现离不开我国男女平等事业的不断推进。女儿养老就是在传统性别制度下原本不被赋予赡养父母责任的女儿，在父母的赡养方面发挥重要的作用。女儿养老强调女性作为女儿这一角色的要求与期待。长久以来，女性作为女儿的角色是不被重视的。在众多的关于中国家族与家庭的研究中，女儿始终是一个被忽略或研究不足的角色，她们不被研究者重视的原因大概有两个，一是女儿身份与归属的模糊性与不确定性，二是女儿对于娘家缺乏工具性意义(唐灿等，2009)。随着我国男女平等的发展，女性在性别平等意识、主体性的建构与经济、社会、政治与法律等方面的地位大大改善，中国女性的命运有了实质性变化。在受主流的父系家族体系深刻影响的当今社会中，女儿养老在获得合法性地位的同时也逐渐开始合情合理化。

随着男女平等进程的推进，以男性为中心的性别规则发生变化，子女养老在性别角色分工、性别关系模式及其行为模式等方面存在不同的要求，冲击着传统的性别制度及家庭制度。在家庭养老制度上，性别制度的改变直接作用于

---

① 我国的《继承法》明文规定，继承权男女平等。无论性别，只要是合法继承人，无论儿子与女儿都有平等的继承权利。《婚姻法》规定子女对父母有赡养辅助的义务。

② 李银河的调查发现，在对出嫁女儿的继承权上，认为儿子和女儿平分家产的比例不到两成，并且存在明显的城乡差别，城市中的比例为41%，而农村只有14%。《赡养法》规定女儿有为父母养老的责任，但是也没有女儿承担这个责任。不过研究发现在受过高等教育的女儿中，女儿赡养父母走在了女儿分享家庭继承权的前面。农村中女儿已经用各种方式承担父母养老的责任，但是她们没有也被认为不应该有继承家产的权利。见李银河. 后村的女人们——农村性别权力关系[M]. 呼和浩特：内蒙古大学出版社，2009：62.

儿子与女儿的养老行为模式。传统的家庭制度中对儿子和女儿的赡养责任的不同规定发生了改变，女儿成为家庭养老的重要力量。

本研究以城乡家庭中女儿养老现象为研究对象，探讨在我国男女平等事业不断推进的过程中还女儿养老的特征与机制，认为男女平等的进步与发展深刻影响和重塑着两性的社会性别角色，提高了女性的地位、促进男女权利的平等以及促使性别观念发生转变，进而致使家庭中女儿越来越多的参与父母的赡养，这一过程中还伴随着相应的家庭制度安排的重构。养老制度作为中国家庭制度的核心环节之一，从性别角色的变化来分析家庭养老制度安排的变化是我们分析整个家庭制度变迁的重要切入点。

二、问题提出

尽管中国家庭在过去的半个多世纪经历了翻天覆地的变化，但是家庭养老这一方式却持续发挥作用，对城乡家庭都不可或缺。这就意味着子女是家庭养老的重要资源。中国传统的"养儿防老、积谷防饥""嫁出去的姑娘、泼出去的水"等观念的根深蒂固，以及与之相应的婚姻模式、婚后从夫居制都直接导致儿子和女儿在家庭生活以及家庭养老中作用的显著差异。

女儿身份与归属的模糊性与不确定性源于女儿在父系家族体系中的依附地位。父系家族体系以男性为中心，女性的一生依附于男性，形成"未嫁从父、出嫁从夫、夫死从子"的人生轨迹。女儿在出嫁前的身份是暂时性的，将来出嫁后就是"别人家的人"，对娘家来说，女儿是属于以后的夫家的。女儿身份与归属的不确定性，因此她被排除在家庭的众多权利与义务之外，包括赡养父母的责任。女儿是要嫁出去的，因此不负担养老责任，家庭制度安排也是这么设置的。女儿不养老也是一系列家庭制度安排的结果，包括以外婚制为主的婚姻制度、以从夫居制为主的婚后居住制度。在婚姻制度的安排下，女儿必定嫁到别人家去，远离父母，无法赡养父母，而婚后从夫居制更是让女儿赡养父母的行为没有现实操作性。在父权制下，女性的地位低下，缺乏为父母提供养老的能力。

女儿不养老是传统的家庭制度与性别制度的产物。中国具有完整而严密的传统家庭制度与性别制度，它以父权制为基础，对家庭中的各种关系具有明确而严格的规定，包括代际以及性别之间的关系作用模式都有详尽的规定。它以血缘为纽带，以子女的孝道与女性的服从为准则，建构了男女性别角色不平等的以男性为主导的家庭制度，并有深厚的文化对其支持与维护。在社会化的过程中，这些制度规范与文化要求已经在人们的心目中根深蒂固，形成中国家庭制度的巨大稳定性。但是，改革开放以来，中国社会急剧转型，逐步从农业社会向工业化城市化发展，现代性的力量渗透进入社会经济与家庭生活的各个领域，改变着人们的思想观念与行为模式。国家权力的进入也是推动家庭变迁的巨大力量，通过社会政策与人口政策的制定与实施，对家庭产生影响。传统的家庭制度受到严峻挑战，中国的家庭发生巨大变迁。家庭变迁与快速的人口转变相同步，并深深地内嵌于社会转型的进程之中(彭希哲、胡湛，2015)。

在社会转型期，我国城乡家庭发生巨大变迁，一定程度上影响着中国传统家庭制度的基础。同时，随着我国男女平等基本国策的制定与推进，男女平等事业取得了重大成就。女性性别地位的变化冲击着两性的性别观念与性别规范。女儿在家庭养老中的作用发生变化。因此，女儿养老与家庭变迁以及与性别平等的推进的关联成为值得关注的话题。

性别平等的推进深刻改变了两性的地位、权利与观念，特别是女性地位的提高促使女性在社会与家庭生活中角色的转变。在根深蒂固的传统性别制度下，女儿在家庭养老中的作用和地位如何打破固有的性别伦理实现逆袭？这其中既有社会性别平等的推动，也是女儿资源禀赋的增加与家庭的策略性行动，以及相应的家庭制度安排的调整，它们相互作用，共同促使女儿养老的实现。

在我国面临严峻的养老压力的形势下，女儿养老可以有效解决部分老年人的养老难题。对女儿养老机制的分析是理解性别制度变化与家庭制度变迁的重要过程。因此，通过女儿养老现象，深入探讨性别角色与家庭制度的变化，有助于认识社会性别平等的推进对家庭发展及地区的经济、社会发展的影响，具有重要的理论意义与现实意义。

第二节　重要概念界定

一、性别角色的内涵与测量指标

(一)性别角色的内涵

角色(role)一词最早出现在戏剧中，是戏剧专有名词，指的是戏剧舞台上所扮演的人物及其模式。社会学家将这一概念引入现实社会生活中，用"社会角色"来指一个人在其所占的社会位置上所担负的任务和从事的活动。古德(1986)在论述家庭和社会中的角色关系时提到，每个成员的所作所为有一部分是由成员之间的权利和义务促成的。成员的权利和义务也就是人们对角色所下的定义。人的一生要扮演多种社会角色，性别角色是一个人众多社会角色中的一种。

性别有生理性别（sex）和社会性别（gender）之分。西方学者对性别角色的定义经过了一些演变阶段。最初性别角色被定义为"sex roles"，学者们认为男女的性别角色分工是由性的差异决定的，把两性的角色分工归结为男女两性生理构造和生理功能决定的。20世纪70年代，"gender"这一代表词汇属性的词开始取代具有生理意义的"sex"一词，从文化的角度说性别角色就是一系列和各自的性相结合的行为态度和动机，性别角色是社会的发展了的，或者说是两性之间受到鼓励的差别。美国社会学者戴维·波普诺认为性别角色就是作为男性和女性相联系的社会角色。美国华裔学者周颜玲（1998）认为性别角色作为社会的构成，指的是通过社会学习到的与两种生物性别相关的一套规范的期望和行为①。此时研究者关于性别角色的内涵更多的是强调社会文化和社会期望对不同性别的人的影响和塑造。

任何社会都有关于男性和女性角色行为的基本规范和标准。这种由社会文化所规定的对男性和女性的不同规范和期望，就是性别角色（周天枢等，2010）。罗慧兰（2002）将性别角色定义为社会所赋予某一性别的一套稳定的行为模式。郑杭生（2003）指出性别角色这个概念来源于社会学中社会角色理论，它是指社会针对具有不同生物性别的人所规定的足以确认其身份和地位的一整套权利、义务的规范与行为、表现的模式。佟新（2007）将性别角色定义为社会依照人们的生理性别将某些社会责任和权利交给男性和女性，从而形成的一系列制度安排。

"性别角色"即社会性别角色（gender role）。参考国内外学者的定义，本研究将性别角色定义为根据男女生理性别的差异赋予两性在社会和家庭生活中不同的权利与义务，期待与要求，影响男女两性的作用和地位。社会性别角色不是先天存在的，而是社会、文化及其制度所造成的。

（二）性别角色的测量指标

当前我国的性别角色研究主要是从女性的角度着手，而考察性别角色的变化一般从妇女地位入手。对妇女地位的研究主要涉及宏观上的妇女社会地位和

---

① 周颜玲. 有关妇女、性和社会性别的话语[M]//王政, 杜芳琴. 社会性别研究选译. 北京：生活·读书·新知三联书店, 1998：381.

微观层面的妇女家庭地位的研究。西方学界对妇女地位的关注较早，20 世纪70 年代开始，西方学者从人口学、社会学和经济学角度关注妇女地位的理论解释。中国的妇女研究主要从 20 世纪 90 年代开始。对妇女地位的考察一般从经济、政治、社会、家庭和文化五个方面展开。中华人民共和国成立以来，妇女地位的变化主要经历两个阶段，一是中华人民共和国成立后的 30 年，妇女解放运动使妇女从封建的婚姻家庭中解放出来，获得与男子同等的地位，面临着家庭和社会角色的双重挑战。二是改革开放以来妇女地位的再次提高，妇女的生存和发展面临挑战。

社会地位和家庭地位相互影响相互制约，也可以说家庭地位是社会地位的缩影。因此本研究主要对妇女的家庭地位指标进行梳理和测量。

学界最初对妇女家庭地位的研究往往包含在妇女地位研究中。国际学术界对妇女地位的深入研究与两性不平等问题关联，对妇女地位的提法各不相同，如妇女地位、女性自治、妇女权利等，在含义上也各有侧重，如 Epstein（1982）强调妇女的威望，即女性由于自身的美德而受到的尊重，这种尊重并不是由其家庭在社会中的地位所决定的；戴森和摩尔（1983）则强调妇女的权力，特别是在家庭中摆脱他人控制的自由权；狄克逊（1978）对妇女地位的界定强调妇女对资源的控制，包括对物质资源和非物质资源的控制，指女性在家庭、社区以及在社会中对物质资源（包括食物、收入、和其他财富）和社会资源（包括知识、权力和威望）的占有和控制能力①。中国对妇女地位研究的起步较早，主要受到马克思主义妇女观的影响，关注妇女解放和妇女问题的解决。早期妇女研究主要针对家庭领域的婚姻自由，将妇女从封建的婚姻中解救出来（刘启明，1994）。

妇女家庭地位相对于其社会地位而言是一个微观层次的概念，是相对于家庭内其他家庭成员特别是其丈夫而言的相对概念。这种相对性主要表现在两个方面：一是对家庭资源的拥有和控制程度；二是自主程度和对家庭重大事务决策的发言权。因此妇女家庭地位是指女性在家庭中拥有和控制家庭资源的能力，以及在家庭中的威望和权力（刘启明，1993）。单艺斌（2001）赞同上述界定，认为妇女家庭地位是妇女在家庭中所拥有或控制家庭资源的能力，是妇女所具有的威望和所享有的各种权力的总体体现，具体而言指妇女在家庭中自我

---

① 引自刘启明. 中国妇女家庭地位研究的理论框架及指标建构［J］. 中国人口科学，1994（6）.

发展的自主能力，对家庭事务的参与和决策能力，对家庭财产和资源的占有和支配能力等。张永(1994)认为家庭地位指人的基本权利在家庭中得到承认和尊重的程度，以及其在家庭中的权力拥有程度和义务承担水平。妇女的基本权利层面的地位得到社会和家庭的普遍承认和尊重，地位得到全面提升。但结构层面的问题突出，如妇女在家庭中拥有的实权与男性不对等、妇女承负着双重负担、妇女对家庭资源的享用不及男性。陈坤木(1995)认为妇女家庭地位是指妇女在家庭生活中所拥有的权力和威望，包括对家庭资源的支配和享用程度等。

对妇女家庭地位的评价指标存在许多差异，目前没有统一的结论。大多数研究采用多元指标体系。

刘启明(1993)衡量妇女家庭地位的指标主要涉及三个方面：女性在家庭中对资源的占有程度(财产、收入等)，女性在家庭中对自我和其他家庭成员的决策权，女性对家庭生活中重要事件的决策权(如购物、就业、培训、职业晋升，家庭时间分配)。具体衡量指标有6个：收入管理权、收入支配权、消费决策权、对子女前途的发言权、生育决策权、自我意愿决定权。

单艺斌(2001)从五个方面建构了妇女家庭地位的评价指标：法律地位(健全性和符合性)、自主地位(初婚、生育和再婚自主)、管理地位(财务和重大支出决策)、决策地位(赡养老人、子女重大事项和家庭重大事项的决策)和时间利用(家务劳动、抚幼携老、自我提高和闲暇用时)。

王金玲(1996)将妇女的家庭地位分解为三个部分：一是妇女作为家庭成员个体在家庭总权益格局中的地位，二是作为代际成员在家庭代际权益格局中的地位，三是作为配偶在婚姻权力格局中的地位。研究表明农村妇女作为个体，在家庭中的地位有较大提高；作为上代的家庭地位下降，作为下代的家庭地位有所提高；作为妻子在婚姻中的地位未有明显提高。

张永(1994)考察家庭地位的指标包括四个方面：妇女在家庭日常事务方面的决定权，家庭重大事务方面的决策权，家务劳动时间(家庭义务)，个人消费。家庭日常事务的决定在一定程度上反映了它的拥有者在家庭中的较高地位，但是在现代社会中妇女参与社会劳动的同时肩负着家庭的负担，这意味着对女性沉重的压力，女性的家庭权力限于家务范围内并不能代表女性在家庭中的地位。而家庭重大事务的决策权意味着家庭中的权威地位和对资源的控制，是家庭实权的真正体现。研究表明夫妻共同决策的现象占据优势，但家庭实权向男性倾斜更多。

陈坤木(1995)家庭地位的指标包括：照顾孩子和家务劳动的时间差别、妇女因生育而离开工作的平均年数和所损失的经济收入的数量、妇女对家庭资源的支配权、妇女在家庭中的决策权(家务、生育)。

韦惠兰和杨琰(1999)认为妇女的家庭地位是妇女在家庭生活中的位置。妇女的家庭地位随着经济发展、家务劳动社会化的实现和妇女自身素质的提高而提高。考察家庭地位的指标主要有妇女的家庭政治地位和家庭经济地位两类。考察家庭政治地位的指标是婚姻、生育和教育子女的自主性以及在婚姻、生育方面受法律保护的状况。考察家庭经济地位的具体指标是家庭经济的决定权中女性比例和妇女收入占家庭收入的百分比，衡量妇女经济独立程度。

沙吉才等(1994)对妇女地位概念进行了分层。妇女家庭地位通过性别规范、婚姻、家庭、生育和家庭内有关事务的决策权五个方面衡量。具体指标：一是性别规范指标，涉及：性别偏好、对男女事业成就的态度、对妇女离婚再婚的态度、对性生活的态度；二是婚姻指标，涉及初婚年龄、夫妻年龄差、婚姻决定权、婚姻过程与质量；三是家庭指标，涉及家庭规模结构、居住方式、家庭劳动分工；四是生育指标，涉及怀孕及生育子女数、避孕形式、生育决策；五是家庭内有关事务的决策权指标，涉及经济收入管理、支配权，支配时间的自由度，家庭有关事务决定权。

徐安琪(2005)对妇女家庭地位的评价指标进行了反思，指出以往的研究通过一些相对变量如"谁拥有更多家庭实权""谁承担更多家务"等指标并不能很好地衡量妇女的家庭地位，提议用"个人在家庭生活各方面的自主权"和"婚姻角色平等的主观满意度"两大类9项测量指标。个人在家庭生活各方面的自主权指标包括个人消费、工作学习、业余爱好、社会交往、性和生育的自主权5项；婚姻角色平等的主观满意度指标包括家庭决策影响力、丈夫尊敬自己、家务分工满意、家庭地位满意度4项。

妇女家庭地位的衡量标准难以统一的关键就在于家庭的复杂性、独特性以及个体体验的差异，不仅城乡家庭有别，地区之间、村落之间的家庭由于价值追求、生命意义的不同也表现各异。因此，根据家庭的特点，本研究选择以下四个指标来衡量妇女的家庭地位：家庭经济支配权，家庭事务决策权，日常家务分工和家庭资源分配。这四项指标兼顾家庭实权的测量、家庭义务的分担和家庭资源的享有，它们可以从多个层面来衡量妇女的家庭地位。家庭地位反映的是相对地位的问题，衡量性别角色的相对权力变化，是考察性别角色的最重要指标之一。

除了性别地位指标，本研究还从性别权利与性别观念两个层面考察性别角色的变化。性别权利是指两性在教育权、就业权等方面的权利获得。而性别观念指主观层面上对性别角色的认知。因此，本研究将通过两性在地位、权利获得与观念层面的变化来考察性别角色的变化。第一，在性别地位层面，选用家庭地位来衡量性别角色的变化，具体通过两性的家庭权力指标来测量；第二，在两性的权利获得上，用儿子和女儿的教育权利获得来衡量性别角色的变化；第三，在性别观念层面上，通过两性在赡养父母上的观念特征来衡量性别角色的变化。

二、女儿养老的界定与角色类型

养老的方式和过程是嵌入在既定的社会文化形态及其基本制度安排中，并由这些特定的文化和制度安排所形塑的。家庭养老是由家庭成员主要是子女来提供养老资源的一种养老方式，它背后必然有支撑它的一系列正式和非正式的制度安排。社会转型期女儿养老行为具有多样表现形式，它们都是家庭在应对社会制度变迁时做出的相应调整和应对。本研究根据女儿参与养老的作用方式将女儿养老划分为三种类型：制度约束型，能力辅助型和独立自觉型。这三种女儿养老的类型并存于转型期的中国社会中，同时它们也是性别平等在家庭养老制度中不断推进的过程。

(一)制度约束型女儿养老

制度约束型女儿养老主要是指家庭利用非正式的制度安排或行为规范对女儿承担养老的责任或义务做出明确的要求和规定，对女儿的养老行为进行约束，以保证养老行为的进行。

在这一类型中通常是通过婚姻制度的变革将女儿纳入家庭的正式体系中，成为与儿子一样的正式家庭成员，赋予继承权和赡养父母的义务。对女儿来说她们的养老行为是一种正式参与的具有合法性、合理性的养老方式。

婚姻形式的安排变化会改变家庭中女儿的角色和地位，重置性别角色与地位，重构家庭权力关系。在家庭中形成以女儿为中心的家庭权力关系网络，建立起相对均衡的基于性别平等与代际平等的家庭关系，使女儿养老得到较好的实现，这在很大程度上解决了家庭养老的难题，特别是纯女家庭的养老危机。

(二)能力辅助型女儿养老

能力辅助型女儿养老是指女儿参与父母养老的行为主要基于女儿赡养能力的提升，它没有明确的制度要求，一般只是作为儿子养老的一种补充，为父母提供一定的养老支持。这种情况下女儿的养老行为是辅助性的，目的是辅助儿子提高家庭养老的质量。

该类型主要是利用女儿养老能力提升和对女儿养老的认可，女儿参与养老的身份是非正式的，没有制度约束和规范要求，因而一般来说女儿的行为都是自愿的。在这种类型下家庭的教育投资策略和经济策略会影响女儿的养老能力，对家庭中儿子和女儿的养老支持产生影响。

(三)独立自觉型女儿养老

独立自觉型女儿养老主要基于性别观念的转变，指女儿独立地并且自觉地承担赡养父母的责任，强调女儿在父母赡养中的自觉性，女儿在观念中对赡养自己父母的认可度较高。

独立自觉型女儿养老强调女儿和儿子一样平等的承担养老责任，具有平等的赡养观念。这种模式下不存在制度安排来规范女儿的养老义务，同时也不由女儿的能力来衡量。

制度约束型、能力辅助型与独立自觉型女儿养老的三种类型分别是转型期社会家庭养老中女儿养老现象的不同归纳，在不同的家庭中有着不同的表现形式。同时，这三种类型的演变也是性别平等在家庭养老制度中不断深入的结果。由于三种类型代表不同的女儿参与养老的方式，因此它们具有不同的发展机制。下面将基于家庭策略的研究视角对三种不同类型的女儿养老的发展机制进行分析。

三、家庭策略的内涵与分析框架

家庭是社会的细胞，细胞在机体发生变化的过程中会相应发生许多改变，同时细胞会在机体变化的过程中积极地增加耐受性以应对机体的变化。同样的作为社会组成部分的家庭，它在社会变迁的过程中也会随之发生改变。家庭具有强大的生命力，会不断地调适以适应社会的种种变化，获得更加持续的发展。这一调适的过程越来越成为家庭研究领域的核心研究对象，被称为家庭的"策略"，即家庭的适应性。在社会变迁的过程中，家庭不仅仅是被动的发生变化，更多的是主动调整来适应新的环境，应对新的问题以此来谋求家庭的发展。因此家庭策略的分析视角在近二三十年的家庭研究中成为一个重要的分析工具。

（一）家庭策略研究视角的理论渊源

家庭策略（family strategy）这个概念来自西方家庭史研究，它是针对家庭问题而提出的。对家庭策略的研究存在于对家庭问题的研究中，如对家庭与社会问题的关系、家庭危机、家庭发展阶段中的问题等的研究都涉及对家庭策略的研究。在理论建构上，组织决策理论为家庭问题的解决提供了新的分析框架，将家庭与决策结合起来分析家庭决策过程中家庭成员的互动方式及特征。

最初的研究是从决策的角度切入，为了更好地理解工业化过程中家庭的作用，研究家庭面临新的外部环境时的决策过程（樊欢欢，2000）。家庭策略就是家庭及其成员的决策过程和决策时机，如什么时候让孩子离家谋生，何时更换住所，何时控制家庭规模、实施节育措施等。当代家庭史研究运用个人日记、信件材料去推断人们的家庭行为模式，如丹尼尔·史密斯从一个家庭最后一个孩子的性别判断 19 世纪早期新英格兰的节育策略，从同期的婚姻登记和遗嘱推断出父母对子女婚姻的控制策略，有的学者从 19 世纪晚期人口调查的户口登记中推断妇女参加劳动的家庭策略，此外还有学者从历史材料中研究传统家庭的继承策略、赡养关系等（张永健，1993）。

家庭策略就是家庭决策的表现结果，它注重家庭成员在决策过程中的互动关系以及支配和被支配地位。后来，家庭策略的研究加深了对个人、家庭和社会变迁三者之间关系的理解。家庭不是被动地受社会变迁的影响，而是以自己原有的特点对社会做出反应，这种反应的结果是家庭成员之间的合力，合力的方向或家庭策略的取向取决于各家庭成员在家庭中的决策地位（张永健，1993）。Hareven（1982）的研究中将家庭看作应对变化的积极能动者，她关于曼彻斯特纺织工人的研究探讨了作为工厂和家庭之间媒介的亲戚关系，指出亲戚充当了重要的掮客角色，她们为其在加拿大的亲戚提供雇佣信息。在移民家庭融入新环境的过程中，亲属网发挥了维持家庭结构的功能。家庭训练成员适应工业劳动，同时为他们在工作中可能遇到的挫折提供缓冲，主动建构了自己的适应机制。家庭是应对社会-历史事件的积极能动者。

人类学研究学者麻国庆（2016）指出，在人类学的家族研究中就一直非常重视家庭的适应性研究，但是人类学的研究对象一般会偏重于研究少数民族或者弱势群体的文化适应性问题。国外人类学的家族研究中，Anderson 对家庭策略较早做出解释，指出了亲属关系中成员的利益获得问题，他对家庭策略偏重于功利取向的思考与当前家庭策略的取向有些差异①。

社会学家布迪厄在其著作《实践感》中讨论了家庭策略的运用。以家族、氏族、部族等血缘为基础的群体为了自己群体的生存和延续发展出了很多策略。为了维持继承的权利和特权，或为了扩大传承到下一代，群体会采取生物学的再生产诸策略，具体有结婚策略、教育策略、育儿策略和继承策略等，结婚策略是确保家族再生产以及劳动力再生产的方式，而教育策略是以家庭内的文化资本的继承为目的②。

(二) 家庭策略的分析框架

在研究家庭策略时应该将其放在一个动态视角中，放在社会、家庭和个人相互关联的时空中来分析。家庭策略强调家庭本身的主体性、能动性和其应对复杂多元化社会中的调整和适应，并对家庭的运行和发展做出合理的安排。家庭策略的分析视角，可以将宏观的社会变迁过程与微观的家庭成员的行为及方式联系起来，考量家庭对社会转型的能动反映(麻国庆，2016)。因此将对家庭的观察和分析放在一个动态的背景中，可以动态地观察家庭和家庭成员行为变化。运用家庭策略分析，可以考察社会变迁如何影响和制约家庭以及家庭如何能动性应对，并做出何种新的制度性安排将策略合法化。

家庭策略视角注重家庭与社会的动态关系，家庭会根据需要，包括家庭成员个体的需要以及家庭整体发展的需要，做出调整适应社会的变动。家庭是主动的积极调整的有机体。当家庭面对社会变迁时会采取应对措施，这体现在家庭成员互动过程以及一系列的彼此联系的家庭决策中。在特定的生活环境和地区文化中，家庭会生成一系列制度安排，将家庭策略体系化、制度化以服务于家庭发展，同时家庭策略体系会根据社会变动做出及时调整。家庭策略实施的目标是面向家庭发展。家庭主动做出的适应性调整，实际上是把家庭伦理、家

---

① Anderson 在其著作《产业革命和家户结构》(1988)中指出"如果我们要理解亲属关系模式中的多样性及其变化，唯一有效的方法就是有意识地明确认识，维持一种亲属关系模式的家庭成员有无获得利益"。转引自麻国庆. 家庭策略研究与社会转型[J]. 思想战线，2016(3).

② 参见麻国庆. 家庭策略研究与社会转型[J]. 思想战线，2016(3).

庭制度、性别文化等与复杂的动态的社会转型联系起来，在传统的家庭制度基础之上进行的创造性行为（麻国庆，2016）。

在中国家庭研究的最近二三十年时间里，利用家庭策略概念来解释家庭中的现象和家庭问题的研究逐渐增加。杨善华和沈崇麟（2000）在探讨关于城乡家庭制度变迁的若干理论问题时指出，从家庭策略视角开展研究的重要意义在于它指出了家庭在面对社会变迁的时候绝不是处于被动和无所作为的地位，它以自己的能动作用不断向社会提供必要的信息，以合力的形式作用于社会，从而也为社会变迁和社会发展贡献力量。家庭策略的分析视角被运用到中国农村的婚配模式（范成杰等，2013）、夫妻权力关系（潘鸿雁等，2006）、务工选择（罗小锋，2010）、分家实践（王利兵，2013）等家庭研究领域。

（三）家庭策略与女儿养老的发展机制

在社会变迁的过程中，面对家庭内部结构与功能变迁、家庭与亲属网络之间关系变迁，以及国家与社会政策对家庭保障不足的过程中，个体家庭为了实现家庭的基本功能与可持续发展，在传统的家庭制度基础之上对家庭伦理规范及制度安排做出创造性调试，推进女儿养老的实现。家庭成员在这个过程中主动调整，以应对复杂的、快速的社会变迁。在不同的生活情境和社会环境中，家庭会做出不同的策略选择，灵活利用资源以追求家庭目标的实现。

从家庭策略的视角来研究女儿养老的发展机制，可以将女儿养老看作既受到社会结构制约又内含行动者主体能动性和实践性的过程，突出作为家庭成员的人的主体性。在此框架中，本研究将沿着两条线索展开分析：主线是从女性的角度来分析性别角色的变化对当代中国妇女个人性别平等观念、主体性建构及其家庭生活的影响，副线是从父母的角度来分析在社会变迁的过程中，父母在家庭养老中的策略性行动以及家庭制度安排的重置。这两条线索共同勾勒出当前女儿养老的逻辑和发展机制。

从女性的角度来看，女儿养老是女性在性别角色变化的过程中，运用自身资源做出的策略性行动。中华人民共和国成立以来男女平等被作为一项基本国策加以推进，极大改变了中国女性的命运。女性享有与男性一样的平等权利，包括受教育权、就业权、家庭继承权、政治参与权等，不仅促进女性个人性别平等意识的觉醒，建构了女性的主体性，同时也提高了女性的经济地位和家庭地位。千百年来被压抑的女性有了自己的话语权。在家庭领域，长久以来被忽视的作为女儿的身份得以彰显。而经济独立、婚姻制度的改变以及妇女家庭权力关系的变化等使得女儿想要彰显自己的女儿角色变得容易起来,她们能够在赡养自己父母上发挥重要的作用。但是,新的养老规范的改变同样将女儿置于一种不利地位。作为传统性别制度中处于优势地位的男性仍然较多保留着传统的性别观念和性别期待,他们的观念转变并没有像女性那样迅速,因此家庭中夫妻之间往往会在如何赡养女方父母上产生不同看法,这就对女儿养老产生一定阻力。最终导致女性会改变家庭策略,如在是否与父母同住养老和不同住但提供养老资源之间做出权衡,并选择最优方式来实现作为女儿的权利。

从父母的角度来看,随着人口变动与劳动力迁移流动的加剧,在传统的家庭养老遭遇困境的情况下,家庭养老缺乏子女资源,同时家庭权力关系的变化将老人置于弱势地位。通过儿子的传统养老需求难以实现,养老质量难以保证,父母利用女儿资源,将女儿纳入家庭养老的责任范围内,通过正式的或者非正式的制度安排,将女儿养老的行动合法化、合理化。因此,女儿养老是作为行动主体的父母做出的策略性反应的结果。

性别制度的变化深刻影响当代家庭生活。在社会性别制度不断改进、男女平等观念不断深化的过程中,传统制度的约束将逐渐减弱,从而真正实现男女的社会性别平等以及家庭养老中的性别平等。养老制度变化的同时伴随着家庭制度安排的其他方面如婚后居住制度、继承制度等的变革,这一系列制度设置的变化为女儿养老提供了必不可少的制度基础。

1. 家庭策略视角下制度约束型女儿养老

传统父权制规范中女儿被排除在一系列的家庭权利和义务之外,没有赡养父母的责任,儿子是唯一的家庭养老资源。随着家庭规模小型化和生育数量的限制,家庭的子女数量大幅减少,并且产生了大量的纯女户和独生女家庭。在传统父权制文化深刻影响的农村社会,他们的家庭养老面临许多困难。女儿的婚后居住制度是导致父母赡养的子女资源缺失的关键。婚后从夫居制下女儿不具备赡养自己父母的正式身份,也缺乏实施养老的现实基础。

一些农村地区通过改变婚姻规则,确立了女儿在父母赡养中的正式身份和地位,女儿以正式身份参与父母的赡养。婚姻制度安排的变化带来了家庭关系和家庭成员地位的变化,女儿从家庭养老的边缘地位走向中心地位。从招婿婚姻制度下以女儿替代儿子的养老角色,到"两头走"婚姻制度下男女平等担负父母的养老,农村家庭实现了男女平等的养老角色。

婚姻制度及其他家庭制度的相应变化就是家庭的策略性调整,农村家庭调整伦理观念与子女资源来满足家庭需求。通过制度的改变，女儿具有了正式的参与父母养老的身份与实现赡养条件，女儿受到制度的约束，必然要承担相应的责任。而父母对女儿养老具有较大的期待，整个地区形成女儿养老的强大伦理。

2. 家庭策略视角下能力辅助型女儿养老

在没有流行新型婚嫁模式的地区，女儿没有被赋予养老的正式身份，被排除在传统文化伦理之外。在这种情况下，女儿参与父母的赡养主要是通过与儿子共同承担的方式。儿子通过传统婚姻制度留在家里承担主要的赡养义务，而女儿则是通过资源禀赋的增强，提高了参与父母赡养与提供养老支持的能力。在家庭养老资源减少的情况下，这也是父母的策略选择，在社会养老保障制度不健全的情况下保证农村家庭养老的运行。

女儿养老过程既包括女儿的主动选择，也是父母作为改善养老状况的一种策略性行动。外嫁女儿能够介入娘家父母的养老行为与女儿自身的能力有关，如受教育程度的提高、经济能力的增强都为女儿提供父母养老奠定了基础。父母通过居住安排、教育投资等策略性安排来保障子女的支持。

在人口迁移流动造成的家庭子女外流的背景下，男性的迁移流动频率往往更高，致使儿子养老面临种种困难，特别在老人照料支持上力不从心。此外，当前农村家庭的养老观念发生重大变化，依靠子女养老的观念不断弱化，伴之以依靠自己劳动和储蓄来养老的观念逐渐强烈。希望子女提供的养老支持更多地转向情感的慰藉与无自理能力时的日常照料，因此，女性作为女儿身份具有养老支持的能力与资源，能够在儿子养老遇到困难时提供辅助的养老支持以填补父母的养老缺失，实现家庭养老的均衡。

3. 家庭策略视角下独立自觉型女儿养老

女儿养老广泛地存在于人们的生活中。女儿养老可以在没有婚姻制度的约束，也不受制于女儿资源禀赋的情况下来实现独立自觉的赡养父母，特别体现在城市家庭中。计划生育制度严格实行的城市地区，大量的独生子女家庭需要独生女儿或独生儿子来完成家庭养老。独生女儿赡养父母是必然的选择。这种观念贯穿于女儿成长的过程中。家庭的资源投资于唯一的子女，同样的，将来也需要子女的支持。女儿已经在观念与角色上实现了转变。

但是两性性别观念的差异会为女儿养老的实现产生阻碍。城市居民的观念转变先于并强于农村地区，女性的性别观念转变又先于男性的观念转变。观念的差异为女儿养老带来了阻力。特别是在独生女儿与非独生男性组建的家庭中，这种阻力更加明显。女性具有强烈的赡养父母的意识，而男性更多地保留了传统性别规范，夫妻之间对女儿赡养父母持有不同看法。因此，为实现家庭和谐与赡养责任的平衡，女儿通过改变赡养策略，在同住赡养与提供养老资源之间做出选择与协调。

城市的女儿养老是普遍存在的现象，它是社会经济变迁与人口转变等结构性因素发展的产物。城市社会养老保障制度的建立和完善也为女儿养老提供了必要条件。新型的婚后居住安排是儿女平等地参与双方父母养老的制度基础。城市家庭大多实行婚后新居制，夫妻婚后形成独立的核心家庭，与双方父母分开居住。新居制使得核心家庭与双方父母家庭的联系具有同等的地位，在对双方父母的养老支持和帮助上具有同样的作用，赡养双方的父母是儿女的责任和义务。

第三节　研究框架与技术路线

一、研究框架

本研究建构了女儿养老的理论分析框架。为了分析女儿养老的发展机制，本研究首先对女儿养老做出类型学划分，然后，运用家庭策略的视角对三种类型的女儿养老模式的机制进行分析。认为性别角色变化对女儿养老产生重要影响，相应的，家庭制度安排也发生许多变化，包括婚姻、生育、继承、养老等制度设置。在综合运用定性分析、数据统计和计量分析的基础上，分别对女儿养老的不同机制进行实证研究，建构女儿养老的一般分析框架。这是本研究的基础。在此基础之上，提出养老模式变迁的性别视角，即经历了儿子养老到女儿参与养老再到儿女平衡型养老的过程。最后提出政策建议，应将完善社会化养老体系的建设与家庭发展相结合，并将社会性别平等继续推进，对于家庭和社会、经济发展具有重要的意义。

第一章提出女儿养老、性别角色与家庭制度变迁的理论分析框架。在对我国男女平等不断推进下，女儿养老现象的情、理、法的冲突进行探讨的过程中，提出性别角色变化在女儿养老中的作用。然后再对女儿养老进行类型划分的基础上提出三段式的女儿养老模式的变迁，引入家庭策略的视角对不同类型的女儿养老机制进行剖析，并提出一个分析框架。

第二章回顾了性别角色研究与家庭变迁研究的相关理论。首先梳理了国外的性别研究理论与进展，以及中国的性别研究进展与女性性别角色变化。然后梳理了家庭变迁的理论观点，以及当代中国家庭结构、功能变迁与女儿养老的关联。

第三章是研究女儿养老的第一步。首先对当前女儿养老的现状与特征，以及传统性别制度下女性在养老中的角色定位进行阐述。其次在对当前家庭养老需求进行探讨的基础上，明确了家庭养老的本质。最后探讨家庭对女儿养老的需求程度，明确有多少家庭需要女儿养老，这也正是研究女儿养老的现实意义。

第四、五、六章的内容是本研究的实证分析部分。这三章分别对不同类型的女儿养老机制进行分析。主要利用的数据包括：2015年湖北宜昌的农村调查数据、2013年湖北省4个县市的农村调查数据、2011年湖北农村老年人生活状况的调查数据以及对其他数据进行二次分析后得到的数据。其中，第四章对制度约束型女儿养老机制进行分析。婚姻制度的变革改变了家庭中的权力结构，女儿的家庭地位提高，形成了有利于女儿养老的家庭权力结构。第五章主要分析能力辅助型女儿养老的机制。女儿养老受到女儿的能力提升与父母的教育投资策略的重要影响，其背后是农村家庭的养老观念变化与家庭养老功能的弱化，以及家庭调动女儿资源满足养老需求的过程。第六章是对独立自觉型女儿养老机制的研究。这是在性别角色转变与观念转变的基础上男女平等的承担养老责任的过程，是性别平等在家庭养老中实现的新高度。家庭居住制度的变化提供了重要的支柱。但是女儿养老也面临困境，特别是在男女性别角色观念并未同步转换的情况下，女儿赡养父母受到阻力。通过女儿的策略性调整实现对父母的赡养。

第七章在对女儿养老类型与机制的分析基础之上，从性别视角揭示了我国养老模式的变迁。从儿子养老、女儿养老到儿女平衡型养老模式的变迁，是家庭养老模式的变化过程，也是我国家庭养老与社会养老相结合的过程。

第八章是研究总结、政策建议与研究展望。本研究对社会化养老体系的建构提出建议，并基于性别经济学探讨性别与家庭发展、区域经济、社会发展的关系。在此基础上对本研究的前景方向进行展望，为今后的研究跟进提供方向。

二、技术路线

本书的研究框架如图1-1所示。

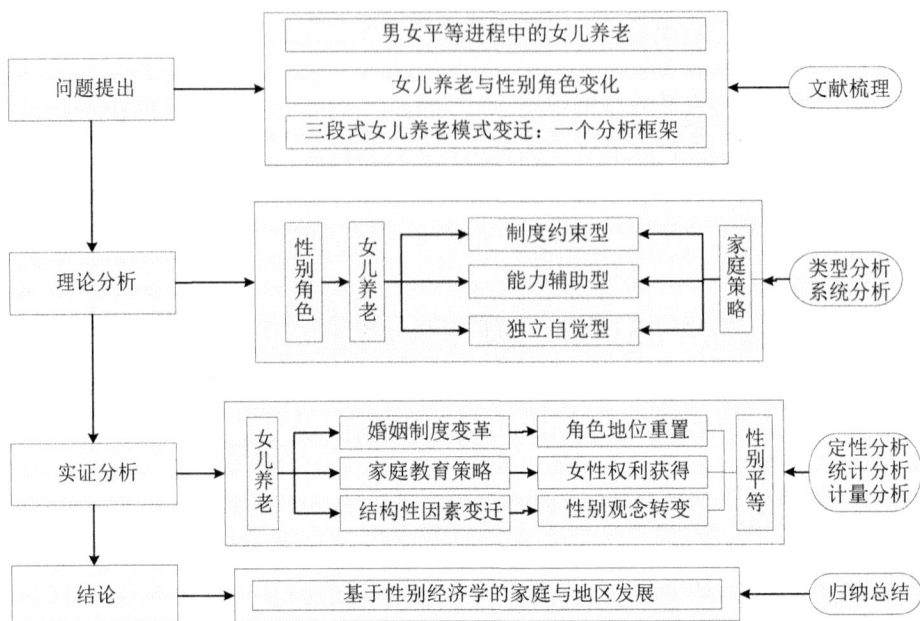

图 1-1　研究框架

第四节　研究方法与主要创新

一、研究方法

(一) 文献研究

本研究在准备与写作的过程中，笔者查阅与参考大量相关文献，对文献进行分类，重点分析、筛选出重要的有价值的参考文献。在对文献泛读与精读的过程中，不断提出自己的问题，理清思路与框架，明确本研究的创新之处，确立本研究的学术价值。文献梳理与述评是研究的起点与基础，对后续研究的推进具有重要的意义。因此，本研究首先梳理了相关的研究，如对已有家庭研究，性别研究与女儿养老研究的梳理。在写作过程中，针对不断涌现的最新的研究文献，笔者会进行及时的补充与完善，争取能够与时俱进，吸取最新的有价值的思想观点，为本研究的开展注入新鲜血液。

（二）定性研究

定性研究能够将研究现象或行为的意义的丰富性展示出来，深入地剖析现象背后的逻辑与机制。本研究充分运用定性研究方法，对女儿养老的逻辑、家庭制度安排的社会内涵与意义等进行剖析。由于女儿养老现象的出现在数据统计上可能不会被完整地展示出来，特别是在全国样本或大样本的统计上难以体现，因此，定性研究的分析能够更好地解释这一现象及其内涵。

（三）统计分析

现代社会科学研究中，定性研究与定量研究方法是相辅相成的。定性研究是定量研究的基础，而定量研究也是必不可少的，它让研究更加规范化。本研究运用实地调研的第一手资料，如 2015 年中南财经政法大学人口与发展研究中心"公共政策与家庭发展"项目组对宜昌的调查数据，2013 年中南财经政法大学人口与发展研究中心在湖北省四个县市的"农村家庭生计"项目调查数据，2011 年华中科技大学乡村治理研究中心"湖北省老年人生活状况问卷调查"的数据资料，以及相关数据的二次分析，如 2008 年李银河负责的"中国五城市家庭调查（2008）"课题数据，1993 年沈崇麟、杨善华等人主持的"七城市家庭调查（1993）"数据，1983 年由中国社会科学院社会学研究所联合全国 8 家科研机构合作实施的"中国五城市婚姻家庭研究（1983）"数据。经过统计分析，清楚地呈现变量之间的关系。

（四）计量分析

通过计量分析建立模型，能够在排除干扰与控制相关可能的影响变量的情况下，明确解释变量与被解释变量之间的关系。本研究基于对调研数据的分析，利用 SPSS 统计分析软件，建立二元 Loigstic 回归模型与 Multinomial Logistic 回归模型来验证变量之间的关系。本研究在对女儿的家庭地位和老人地位与婚居模式关系以及女儿的受教育水平对父母老年生活质量影响的探讨中都建构了计量分析模型。

二、主要创新

本研究在借鉴国内外相关研究的基础上，建构了女儿养老的理论分析框架，探讨了性别角色变化与中国家庭制度的变迁，在以下三个方面具有一定的创新性。

(一)一个新的类型划分

女儿养老的类型划分。对女儿养老现象的系统分析与类型划分，本研究首次提出女儿养老的三种类型，是对当前女儿养老研究的重要创新。现有关于女儿养老现象的研究多集中于对现象的描述与原因解释上，对现象的系统分析与归纳不足，并且常常是针对特定地区的个案分析。本研究在提出女儿养老的类型划分基础之上，提炼出女儿养老的发展轨迹，充实了女儿养老的研究。

(二)一个新的分析框架

在对女儿养老发展机制的分析中运用家庭策略的分析框架，分别从女儿与女儿父母的角度，深入展开策略分析，生动地展示了女儿养老的逻辑过程。将女儿养老放在家庭策略的分析框架下观察女儿性别角色的转变以及女儿在养老中资源禀赋的增强，将其视为家庭的策略性行动，建构女儿养老的发展轨迹。

(三)一个新的切入点

在对我国家庭与家庭制度的研究中，以性别角色变化的角度为切入点来分析我国家庭制度的变迁是一种新的角度。家庭养老制度作为中国家庭制度的核心环节之一，从两性性别角色的变化来分析其变化是我们分析整个家庭制度变迁的重要切入点，也是认识我国男女平等事业的一个重要视角。

第二章　性别角色变化与女儿养老
研究的理论回顾

本章主要对相关理论研究进行回顾。首先梳理了国外的性别研究理论与进展，中国的性别研究进展，以及女性性别角色变化与对女儿养老的影响。然后梳理了家庭变迁的理论观点，以及当代中国家庭变迁中女儿养老功能的理论解释。

第一节　性别角色变化与女儿养老

一、国外性别角色研究理论与进展

（一）国外性别研究历程

性别研究是对两性关系特别是两性不平等关系的起源、演变、现状、社会后果以及对策等问题的探讨。从 18 世纪开始西方性别研究经历了自身的发展和演变，并推动了后来中国的性别研究。

性别研究是伴随着女性主义运动的爆发而推进的。18 世纪末期资产阶级政治革命、工业革命以及启蒙学说等因素的共同作用促使第一次女性运动在法国爆发，随后扩展到英国和美国。19 世纪初期至第二次世界大战期间，资产阶级妇女和无产阶级妇女大规模地组织起来追求自身的权利，如参政权、受教育权和就业权等。伴随着女权运动，性别研究在当时各种社会思潮的影响下展开。最初性别研究是当时其他理论在探讨两性关系问题时的应用，因而产生了不同理论中的女性主义视角，如自由主义女性主义、激进女性主义、马克思主义女性主义。这是两次女性运动中产生的主要的女性主义流派。第二次世界大战结束后，女权运动从未停止，它为女性争取更为具体的权利，如生育、择业权利等。随着性别研究不断深入和拓展，形成了一套性别研究的话语体系。

20 世纪 70 年代以来，女性主义研究者持批判的态度不断审视主流理论流派的价值和学说，这是对主流社会理论延续最持久的挑战之一。女性主义理论家开始审查在现代社会中对性和性别角色的建构，以此来证明主流社会理论对女性世界的忽视。后来他们使用家长制的概念来揭露社会研究方法论和社会理论中以男性为中心的立场和话语霸权，并提出建立一种女性的立场和女性的方法论来重新认识这个世界，女性研究开始树立自己独特的话语体系并最终影响到整个社会科学研究的理论和实践（崔应令等，2011）。随着第四次世界妇女大会的召开，性别研究再次掀起高潮，形成新的女性主义流派，如黑人女性主义和后现代女性主义等。

实际上在20世纪60年代和70年代早期，社会研究明显的性别歧视暴露出来了，无论是理论研究还是实际研究都注重男性，这一趋向在一定程度上助长了性别不平等的模式。事实上性和它在性别角色中的表现以及相关的性别不平等的模式，都是人类组织普遍的属性，然而直到20世纪70年代这些动态才成为严谨的理论研究的主题（乔纳森·特纳，2001）。

女性主义运动产生了大量试图说明社会性别不平等的理论，并将克服那些不平等提上了议事日程。西方主要流行的流派有自由主义女性主义、社会主义（马克思主义）的女性主义、激进主义的女性主义、黑人女性主义和后现代女性主义。各个流派之间在探讨社会性别不平等的问题上存在较大分歧。自由女性主义十分看重公正和机会均等，在女性被排除于社会生活之外这一残酷的现实下，自由女性主义认为女性应该和男性一样享有平等的权利，它的基本理念就是追求理性、公正、机会均等和选择的自由；社会主义女性主义是从马克思的冲突理论发展而来的，认为两性不平等是男权制和资本主义制度造成的；激进主义的女性主义的核心观点是男权制是造成两性性别不平等的根源，男性对女性剥削并从中获益，形成对女性的支配系统，男权制是跨越时代和文化而存在的一种普遍现象，激进主义的女性主义者经常将家庭作为社会对女性进行压迫的主要来源之一；黑人女性主义把焦点放在种族、阶级和性别之间的相互作用上；后现代女性主义否认有一种所有女性共享的体验的观念，不存在一种宏大的理论如男权制、种族或阶级等普遍的单一的范畴来解释社会性别不平等，它鼓励同时接受许多不同的立场，并且认为它们的作用是相同的，即认为人们的体验是多样化的，存在各自不同的经验。

以上女性主义流派都从各自的角度揭示了社会性别的现状，提出性别不平等的现实，有其自身的合理性，对推进人类社会的性别平等做出了积极贡献，它们反映了在一定的人类发展阶段中，某个时期女性的所处地位及其原因，但每一种理论又存在片面性。

(二)国外性别研究理论与进展

国外对男女的性别角色有大量的研究,家庭角色分工是性别角色研究的重要内容。家庭分工是夫妻双方在家务劳动和市场劳动之间分配与选择的方式,

制度学派中戴维斯的性别角色理论对家庭分工的变化做出了类型划分。戴维斯的分析目的是从家庭中夫妇的劳动分工角度出发考察工业化和生育率之间的关系。他将夫妇的劳动分工分为三种类型,第一种是家庭经济体制,家庭为基本生产单位,就近农业劳动为主要方式,夫权制下妇女兼具家庭农业生产和人口再生产的责任。家庭生产主要是满足自给自足的需要。第二种是丈夫走向市场成为家庭收入的赚取者,妻子成为家庭主妇,承担家务和家庭的人口再生产。丈夫的市场劳动是家庭收入的来源,而妻子从事无报酬的家务劳动。第三种是男女平等的分工模式,男女具有同等的家庭和市场工作的权力和责任,这种模式鼓励妇女外出就业。在戴维斯看来家庭分工的变化是工业化发展进程的必然结果。工业化过程将家庭劳动的性别分工从传统的自给自足式家庭制过渡到"男主外女主内"的半市场制,再向现代的男女均等制转变①。戴维斯的性别角色理论从宏观上把握了制度和规范的变化对家庭生育的影响,他将家庭分工模式分为三种类型,它们是伴随着家庭经济生产方式发展而演变出的家庭分工的理想型。这在一定程度上忽视了微观家庭内部分工的差异并将家庭分工模式简单化。在社会经济结构急剧转型的背景下,制度分析仍然为我们提供了有价值的理论视角。

贝克尔从时间分配的角度分析了家庭分工的性别差异。照料孩子和家务活动相对需要大量的时间和精力,母亲在照料孩子方面具有比较优势,那么负有操持家务责任的妇女投入市场劳动的时间就相对减少。在一切社会里,家庭分工部分地归因于从专业化投资中获益,但也部分地归因于男女性别的内在差异。女性往往在生儿育女方面担任主要角色。当男女在人力资本上投资相同时,如果妇女在家庭部门里较之男子有比较优势,那么,一个两种性别的、有效率的家庭,就会把妇女的主要时间配置到家庭部门,而把男子的主要时间配置到市场部门。照料孩子和家务琐事限制人们去谋求需要外出或者加班加点的工作。这就会减少已婚妇女的工资,影响她们的工作和职业。当她们和已婚男人的工作时间相同时,甚至还会减少她们对人力资本的投资。比如妇女退出劳

---

① 叶文振.孩子需求论——中国孩子的成本与效用[M].上海:复旦大学出版社,1998:34-35.

动市场，做更低报酬时间灵活的工作。由于照料孩子和其他家务负担，已婚妇女倾向于寻求比较方便和精力强度低的工作①。

在当前性别角色的研究中发生了许多变化。如男女的性别角色观念发生了重要变化，两性性别观念的差异逐渐减弱，传统观念淡化（Marie Valentova，2013）。在对子女的性别偏好上出现的女儿偏好的增加不仅仅是女性地位提高的结果。对日本的研究发现，女儿偏好的出现实际上是男女传统观念差异的表现。对男性来说，女儿偏好体现出较现代的性别观念，拥有传统观念的男性会有儿子偏好；而对女性来说，拥有传统观念的妇女更加偏好女儿，希望女儿的素质提升带来回报（Kana Fuse，2013）。

女性的劳动参与不断增加。两性在劳动参与中的平等化程度增强。Andra-Bertha Sanduleeasa（2014）对罗马尼亚的研究发现，两性在劳动参与上具有更加平等的观念，但是女性依然在家庭内承担更多的家务责任。两性地位的差异逐渐缩小，但是在一些方面仍然存在明显差异（Dr K. Kiran，2013）。

性别角色分工即男主外女主内的模式逐渐受到冲击，一方面受到女性主义运动的影响，另一方面婚姻家庭的变迁对性别角色分工也产生重大影响。实际上女性在家庭分工中依然处于弱势地位，促使女性做出这种策略选择的根源是传统的男女性别分工的规范和观念。Bertrand M. E. Kamenica 和 J. Pan（2015）研究发现性别身份准则（gender identity norms）影响家庭分工。性别身份准则就是社会传统所形成的关于不同性别的人应该如何行事的观念，这种观念具有稳定性。例如"丈夫挣钱养家""男人应该比他的妻子挣更多的钱"等。当女性相对（男性）收入提高，或者妻子收入占家庭总收入的份额增加后，女性婚配、劳动力参与、家庭生产行为却表现出不利于女性的倾向。这主要是因为人们对性别身份准则的固守，一旦女性打破这种准则，将会受到负面的影响。因此，女性不得不维持原来的分工状态以维护婚姻和家庭的稳定。在性别身份准则的作用下，女性在家庭中处于弱势地位，性别劳动分工也将长期存在。

二、中国的性别角色研究进展

自 20 世纪 70 年代末以来，大规模的经济社会文化变革引发人们对妇女生存状况与发展前景的思考与研究，从学科角度讲中国的妇女理论研究始于 20 世纪 80 年代（王金玲，2000）。20 世纪 80 年代，中国的妇女研究处于萌芽阶

---

① 加里·斯坦利·贝克尔. 家庭论[M]. 王献生，王宇，译. 北京：商务印书馆，2005：41-96.

研究发现，发达地区夫妻对家庭的经济贡献悬殊导致传统的家庭性别分工模式得以强化。一般地区妇女的收入会构成家庭经济来源的重要组成部分，巩固了妇女在家庭领域和公共领域的地位；发达地区男性主导的阶层分化和社会交往使得女性处于弱势地位，妇女丧失自我建构的能力和主体性。因此，中国的家庭和性别关系要放在特定区域的历史、文化、经济和社会背景中去探索研究其机制和行为逻辑才更有意义。

中国传统文化根深蒂固存在于人们的思想观念中，对性别观念的影响长期存在。妇女地位的提高改变了妇女的处境，但是在社会性别观念方面，学者发现性别角色观念在某些方面却存在传统回溯的现象。徐安琪（2010）对上海和兰州的调查数据研究发现家庭性别分工角色态度表现出向传统回溯与强化的趋势。从宏观层面来看，这与社会转型期妇女的就业难度增加、全员就业和连续就业减少有关系。以往社会中存在的妇女高就业率和"男主外、女主内"分工模式的式微与20世纪五六十年代国民经济恢复时期劳动力短缺以及国家在保证妇女连续性就业方面的措施密切相关。当前由于人口流动增加，农村剩余劳动力进入城镇以及产业结构调整带来的劳动力过剩使得妇女就业处于不利境地，因此中国社会出现妇女劳动参与率的下降。社会文化规范对传统性别分工的认同，使得传统的性别角色态度得以强化。杨菊华等（2014）通过三次妇女地位调查数据的分析发现，性别观念总体上趋于现代和平等，但在性别分工和文化规制方面存在明显差异，性别分工观念有向传统回归的趋势，而在子女姓氏和财产继承等文化规制方面则摆脱了传统的桎梏。从性别差异看，女性的性别平等观念与意识超越男性，且城镇的性别差异大于农村；从群体差异看，城镇女性的性别观念更为平等与现代，农村男性更为保守和传统。刘爱玉等（2014）也发现这一性别差异，越年轻女性性别观念越现代，而男性在不同年龄群体间具有高度一致性和稳定性。总体上中国男女的性别观念处于传统与现代的过渡状态，女性的受教育水平、职业和政治身份的改变是促使其现代性别观念生成的重要因素。

其他研究重点关注性别关系的影响因素，特别注重流动因素对性别关系的影响（李晓芳，2015；李从欣、张再生，2014；李静雅，2013；罗小锋，2011；吴惠芳，2011；金一虹，2010；李萍，2013；张传红、李小云，2011；刘鑫财等，2013；陈志光、杨菊华，2012）。

家务分工领域也是体现性别关系的一个重要方面。在家庭分工领域，传统规范与观念的影响是根深蒂固并且长久存在的，性别分工模式依然存在于人们的生活中。中华人民共和国成立以来的妇女解放运动虽然打破了传统的"女主内"模式，使妇女可以走出家门参与劳动生产，强调女性和男性一样的就业权，但是家庭内部的家务分工却并没有较大改变。计划经济时期城市单位制和农村人民公社承接了家庭的部分功能，托儿所、公共食堂等机构减轻了家庭的劳动负担。随着计划经济体制的解体，这些功能又归还给家庭。改革开放和市场经济的大潮将男性和女性都推向市场劳动，而家庭内部的家务分工模式遵循传统规范，将女性作为承担家务劳动的主体，呈现出女性"内—外"兼顾，男性"主外"的模式。

现代家庭的家务分工呈现出一些新的趋势。在家庭劳动分配上，男性的议价能力提高能有效减少家务劳动时间和分担比例，对女性来说这种作用却远远小于男性，即使女性的收入提高也并不会显著降低她的家务劳动时间和分担比例（齐良书，2005）。即使传统的性别准则将女性处于家务分工中的不利地位，但是这种模式逐渐发生了变化。在城镇双职工家庭中男性分担部分的家务劳动用以表达对配偶的情感和支持，但是男性的家务劳动时间远远少于女性，不过家务劳动开始承载着情感表达的功能（佟新等，2015）。杨菊华（2014）则认为从事家务劳动是女性的策略行为，是主动的选择。地位低的女性通过家务维持自己的家庭地位，地位高的妇女通过家务来实现自己事业与家庭的双成功，同时缓和夫妻关系，减轻丈夫的心理压力。基于第三期中国妇女地位调查数据的研究则发现，城镇家庭的家务劳动分工具有"女性为主、男性为辅"的特征，这与两性的经济收入、性别观念有密切关联。因此当代中国城镇家务劳动的性别分工是相对经济依赖和性别角色观念共同形塑下的以女性为主的模式（刘爱玉、佟新等，2015）。

以上内容简单梳理了自20世纪80年代以来中国妇女研究的主要内容及进展，从女性就业的增加开始，城乡女性的经济地位不断提高，一定程度减少了对男性的依附。女性的自主意识和性别观念逐渐发生改变，打破了家庭和社会的传统规则和结构基础。家庭领域的夫妻关系、家务分工等以及社会层面特别是社会性别观念、农村的社会结构等都发生了重要变化。这个过程中伴随着许多的阻力，中国的性别平等进程在阵痛中推进。

三、性别角色变化在女儿养老中的作用

自中华人民共和国成立以来，中国在男女平等领域最突出的进步就是男女平等的受教育权的推进。教育改变思想认识和价值观念，是一切改变的缘起。

女性的真正解放与妇女地位的提高，直接与女性的受教育程度关联。在中国传统社会中，在受教育权利上存在巨大的性别差异，男子具有受教育权，而女子则基本被排斥在外，"无才便是德""贤妻良母"是对女子的期望。随着中国现代化的进程，20世纪初女学的兴起开启了妇女受教育权的大门，中国的妇女解放也向前迈进。中华人民共和国的成立加快了妇女解放的脚步，国家在政策法规上积极推进女性的受教育权利，以及其他政治、经济、社会等各方面的平等权利。政府制定了有关保护妇女权益的法规如《妇女权益保障法》《婚姻法》《义务教育法》《扫除文盲工作条例》《职业教育法》等，新的教育体系的建立以及开展的女性教育实践极大地提高了女性的文化水平（顾宁，2005）。

女性的教育水平取得极大进步，与男性的差距正在逐渐缩小。从女性识字率来看，据1913—1916年的不完全统计，每23个学生中，22个是男学生，仅有一个女生，1949年，16岁以上女性仅有8%识字，1982年，15岁以上女性有51%识字，1990年这一比例增加到86%。1949—1990年的41年中，女性识字率每年约提高6%（宋瑞芝，1995）。从女性在校生比例来看，1951年到1995年的44年间，在所有的在校生当中，小学女生比例从28%增加到47%，中学女生比例从26%增加到45%，大学女生比例从23%增加至35%（李银河，2009）。2004年在校女生比例进一步提高，女生在初等教育比例占47%，中等教育中初中为47%、高中达到46%、中专为55%，高等教育中本科女生比例占44%、专科为48%。2010年，18岁—64岁女性中接受过大专及以上高等教育的占14.3%，接受过高中及以上教育的占33.7%（第三期中国妇女社会地位调查课题组，2011）。女性在各个层次的教育状况都显著提高，这对于中国妇女的地位提高，女性自身的自尊自立自强等主体性的建立都发挥了巨大的作用。因此李银河（2009）说自1950年以来，中国在男女平等领域中一个最大的变化是，女童从重大多数不上学到全部进入学校接受教育，这一点对中国女性尤其是农村女性的生活产生了重大的影响，改变了她们的生活方式和整个人生。分城乡而言，受教育对农村女性的影响和改变远大于城市女性①。通过教育权利以及其他权利的平等化推进，人们的性别观

---

① 农村女性从基本不受教育到全部接受教育，而城市女性的教育机会多于农村女性。因为在20世纪50年代，女生占全部在校生的略多于1/4的比例中，大多数是城市女性。所以，在随后的半个世纪，农村的改变更大于城市。见李银河.后村的女人们——农村性别权力关系[M].呼和浩特：内蒙古大学出版社，2009：35.

念与性别意识发生改变。

就业与经济独立的获得是女性改变传统角色，提高自身价值和地位的重要基础。传统社会中女性经济不独立，在经济上完全依附于丈夫，导致其地位低下。近现代以来，中国妇女就业的权利得到保障，女性就业率不断增加，女性在经济上更加独立。自1950年妇女解放运动开展以来，妇女普遍参加社会劳动，中国妇女的生活内容发生了根本的变化。社会劳动中实现的角色平等将女性从家庭中解放出来，改变了传统的"男主外女主内"的分工模式。女性获得了社会劳动者的角色，具有了独立的经济收入。1982年女性在业人口占43.69%，1990年占44.69%，到1992年底城镇女职工占全部职工总数的38%，农村劳动力在1982年到1990年增长了24%（刘伯红，1995）。到2010年，18岁—64岁女性的在业率为71.1%，城镇为60.8%，农村为82.0%（第三期中国妇女社会地位调查课题组，2011）。

在农村，人口外出流动对女性的影响十分明显，它不仅为女性带来了独立的经济收入，更重要的是对女性的价值观念产生了深远影响，这种影响进而辐射到妇女的家庭中，改变了女性的家庭地位与权力，动摇了传统父系制下的性别关系模式。马春华（2003）在其博士论文的研究中得出结论，认为农村女性外出务工改变了父权制运作的一系列规则和资源，促进农村家庭性别关系走向平等。劳动力的城乡流动将城市的现代观念与生活方式通过打工者的城乡穿梭不断输送到乡村，使得中国封闭千年的村庄打破了原来的规则和秩序，新的规则体系正在传统与现代的撞击中重构。

受教育程度的提高与就业的增加，对农村地区的影响更大。现代社会的价值与理念，首先通过那些受过高等教育的、接受过城市浸润的人们，向他们出身的乡村辐射（李银河，2009）。他们的性别观念表现出从传统向现代转变的趋势。性别观念是一定时期内男女两性的角色和地位在人们意识或心理上的反映，受到传统文化观念与现实情境的交织影响。受教育程度是现代化的一个重要测量指标，也是性别平等观念形成和再塑的关键，研究发现，受教育程度与性别观念是线性相关的关系，随着受教育程度的提高，性别观念也会逐渐提高（杨菊华等，2014），在总体性别观念的得分上，小学及以下的得分为44.1，初中组的得分54.3，高中组上升到60.3，而大专及以上的得分为68.0。职业地位与性别观念也表现出线性相关，职业地位越高，性别观念越平等。农业生产人员的性别观念指数得分最低，为46.0，生产运输工人为55.1，商业服务人员上升到60.3，而专业技术人员、办事人员及其他负责人等群体的得分是65.1。不同职业的人群对男女的职业能力与社会地位的观念存在较大差异，农村从事农业生产的人员的传统观念和意识更多地受到传统文化的影响①。

从性别差异看，女性的性别平等观念与意识超越男性，且城镇的性别差异大于农村；从群体差异看，城镇女性的性别观念更为平等与现代，农村男性更为保守和传统；从年龄来看，越年轻女性性别观念越现代，而男性在不同年龄群体间具有高度一致性和稳定性。总体上中国男女的性别观念处于传统与现代的过渡状态，女性的受教育水平、职业和政治身份的改变是促使其现代性别观念生成的重要因素。

但在家庭分工观念上，由于社会和经济结构的制约，女性处于劣势，她们在性别分工上有传统回溯的迹象。家庭分工中的回归与传统规范的"男主外女主内"有本质区别，现代女性愿意回归家庭很大程度上是自己主动的选择，是基于家庭整体利益和发展的考虑，因此，不能将它视为是一种倒退。

总体上来看，相比于男性，女性的主体意识更加强烈，性别观念也更加平等，并且她们希望能够取得自我发展，相信自己的能力并不会与男性有巨大差异，并且希望通过自立自强取得自身的发展。在文化规制方面，女性一直努力打破男权父权的束缚和桎梏，争取两性在意识形态、家庭继替方面的平等地位。

作为女儿，女性在赡养父母中的作用越来越明显。而受教育权利的获得、经济地位与家庭地位的提高，以及女性性别观念的转变正是促使女儿养老得以实现的重要因素，一直以来被忽视的女儿的角色得到彰显。

四、女性性别角色变化轨迹与女儿养老

(一)传统父权制下的女性角色

1. 父系继承制度中女性权利的缺失

在中国传统社会，宗祧继承和财产继续是古代继承权的两大类。前者以上奉祖先祭祀下传血统为目的，实行嫡长子继承制，女性绝对无继承权；唐至清

---

① 这一系列统计数据来源于杨菊华等对1990年、2000年和2010年三次中国妇女社会地位调查数据的统计结果，三次妇女地位调查是由全国妇联和国家统计局组织实施的一项规模较大，具有全国代表性的重要妇女情况调查，旨在全面客观地反映各时代中国妇女社会地位的基本状况和变化情况。参考杨菊华，李红娟，朱格．近20年中国人性别观念的变动趋势与特点分析[J]．妇女研究论丛，2014(6)．

各代法律只承认嫡庶子男平均分家产，女子在习惯上得嫁资。唯有户绝(母家无男子并无同宗继承人)的遗产可由女儿承受。但在室女与出嫁女承受份额不同。如唐宋律规定，户绝遗产由在室女继承，若无在室女，则扣除丧葬花费，由出嫁女承受 1/3，余者给死者生前曾与之同居 3 年以上的近亲，无近亲则收入官府。明清律虽然只有亲女继承遗产的规定，而无在室女与出嫁女之分，但在司法实践中仍按唐宋规定，出嫁女只能承受 1/3 的财产(李银河，2009)。封建宗法制度规定只有儿子有权享有对本家庭家族的政治地位和经济财产的继承权。人们认为女孩就要嫁到别人家里去，因而不被当作父亲家的人，不会被计入父亲家的族谱，更没有继承家产的权利。

中国的父权制以礼法为基础，通过强调"孝"来运作，给男性和女性角色都规定了具体而明确的权利和义务。这些权利和义务存在明显的不平等。传统的性别角色的不平等与女性身份归属的模糊性和不确定性以及女性对家族家庭的工具性意义的缺乏密切相关。因为"女儿是替别人家养的"，是"泼出去的水"，所以女性在出嫁前身份总是处于暂时性质(费孝通，1998)。因此女性在父系家族中没有任何必然的权利，婚前她们是父系家族的"依赖人口"或"家之附从成员"，暂时被娘家养着。由于未婚女子不是家之主体成员，没有宗祧和家产的继承权利，也因之被免掉对家的一应责任，包括负担家产、承担家计、赡养父母和祭祀等主要活动，因此女性被认为缺乏工具性意义，只是男性继嗣制度"附带的受益者"①。

近代以来新的继承法明文规定无论性别只要是合法继承人，儿子和女儿具有平等的继承权。但是法律的力量并没有渗透进入人们的生活，没有改变传统习俗规定的男女权利，特别是在农村地区，根深蒂固的文化规范没有受到法律的影响。费孝通在禄村调查时就看到农民并不把新法律赋予男女的平等继承权当作规范来执行。

继承制度中的重男轻女直接导致人们的性别偏好，男孩因为将来具有家庭家族的继承权而享有较好的家庭对待，女孩则相反。这影响到男孩和女孩在生活中的各个方面②。费孝通说生育制度包括抚育和继替两部分，在父系社会中

---

① 转引自唐灿，马春华，石金群. 女儿赡养的伦理与公平——浙东农村家庭代际关系的性别考察[J]. 社会学研究，2009(6).

② 在李银河所著的《后村的女人们》一书中通过质性研究描述了村庄中女性在作为女儿时的不平等待遇，在营养摄入、受教育机会、医疗、家务劳动等方面，女孩都会受到与男孩不一样的待遇。因此，父母对儿女是否有性别偏好可以归因为制度因素的作用，包括婚姻制度、养老制度、继承制度、婚后居住制度等。

继替是单系偏重的，所以孩子在抚育上多少会因性别而受到差别待遇。在父系社会中女孩子被认为是"讨债鬼"，不但在教育上受不到和他们兄弟同等的注意，甚至在出生时存在被溺死的情况，或是在小时就被抛弃或者出卖。

2. 从夫居制中女性的依附角色

女孩一出生就被定义为是要出嫁的，父母对她们的投入都是为了出嫁做准备。既嫁从夫，婚后实行"从夫居"制。从夫居指女方嫁到男方的规则，男女结婚之时并不另立新家，而是由男方家长将女方娶进门。对于女性来说，从夫居意味着自结婚之日起女孩要离开娘家，脱离原来的社会关系网络，进入夫家的生活环境中，依附于丈夫和婆家。父家长拥有绝对的权威，男尊女卑，妇女未嫁从父，既嫁从夫，夫死从子，依附于男子，地位卑贱。妇女唯一能够体味到权力的时候便是十年媳妇熬成婆的心理满足(叶文振，林擎国，1995)。

因而妇女的生命意义和价值都依附于他者。妇女做女儿时，依托父亲而获得在夫姓家族、村落"栖居"的资格，获得归属和生命的体验；出嫁之后，依托丈夫在夫姓村落"立足"，从而获得夫姓家族、村落的安全感和归属感，并依托丈夫体验自身的存在意义；亡夫之后，儿子便是妇女的依靠，是妇女安全感和归属感的来源，并且农村妇女只有完成传宗接代、依托儿子才能在夫姓家族、村落"安身"。女性的一生就在这种从属角色中度过(杨华，2010)。

妇女依附于丈夫具有赡养公婆的责任，作为女儿的角色是不被重视的。女性在家庭扮演的5个角色(女儿、妻子、母亲、婆婆、祖母)当中，女儿是最不受关注的角色，这是因为女儿身份和归属的模糊性和不确定性以及女儿对娘家缺乏工具性意义，"女儿是替别人家养老""嫁出去的女儿，泼出去的水"(唐灿等，2009)。

(二)解放话语下女性的性别角色转变

1. 妇女解放运动将妇女从封建家庭中解放出来走向社会，成为"国家人""社会人"

"妇女解放"一词源于西方自由精神，泛指妇女在各方面与男子获得同样的权利和机会之后的个体解放(李银河，1997)。以男女平等为基本目标的妇女解放是历史发展的必然，它是人类进入高度文明社会过程中不可逾越的阶段。早在共产党诞生之前，中国就有了主张解放妇女的呼声，但其主要目的是将妇女组织起来，"救亡图存""富国强兵"，抵御西方帝国主义列强的侵略，而解放妇女必得反封建，提倡"男女平权""平等相均"(李小江，1995)。中国的妇女解放是建立在马克思主义无产阶级革命理论的基础之上，并受中国近现代半封建、半殖民地历史的影响，是为民族、阶级解放和社会主义实践服务的，因此带有强烈的工具性色彩。妇女正式通过将自身解放汇入民族和阶级解放的洪流来逐步接近完全的个体解放的目标(左际平，2005)。妇女在宪法保障和政治运动的推动下全面走向社会。中国妇女解放运动的特点是女性与男性结为同盟军对抗封建文化和家长制，鼓励妇女自立自主，是全国范围内的妇女解放运动，覆盖面广，影响深远(徐安琪，1998；左际平，2005)。

在当时的妇女解放运动的理论家和活动家中，毛泽东关于妇女解放与男女平等的思想和实践，对中国妇女运动、政策和社会面貌影响最为深远。毛泽东主张妇女问题不是一个性别的单独问题，它是与整个被压迫阶级联系在一起的阶级问题，私有制、剥削阶级的存在是妇女受压迫、男女不平等的根源，因此只有整个阶级的解放才是妇女的最终解放。中国的男子普遍受到三种有系统的权力的支配，即受政权，族权和神权的支配，女子除了受上述三种权力支配外，还受到夫权的支配。这四种权力——政权，族权，神权和夫权代表了全部封建宗法的思想和制度，是束缚中国人民特别是农民的四大绳索[1]。毛泽东强调妇女主体意识的建立是通过妇女在集体、社会劳动的参与过程中建立起来的。"在合作化以前，全国很多地方存在着劳动力过剩的问题。在合作化以后，许多合作社感到劳动力不足了，有必要发动过去不参加田间劳动的广大的妇女群众参加到劳动战线上去。中国的妇女是一种伟大的人力资源，必须发掘这种资源，为建设一个伟大的社会主义国家而奋斗。要发动妇女参加劳动，必须实行男女同工同酬的原则"[2]。毛泽东及中国共产党的妇女理论和政策积极塑造社会主义妇女典型的社会空间和话语空间，使妇女走向社会，成为社会人。

2. "男女平等"更多的是"义务平等"，是男女对国家的贡献的平等

"真正的男女平等，只有在整个社会的社会主义改造过程中才能实现"[3]，男女平等是义务的平等，是对国家义务的平等。

解放战争时期的中国妇女面对的是民族、国家，男性是她们争取解放过程中的同路人而不是敌人，因此男女平等的局面得以实现并不困难。中国妇女经过战争战乱，完成了从"家庭中人"向"社会中人"，即国家人的过渡。社会主义革命在最大限度内解放了妇女，帮助妇女走出封建家庭，从而跨越了一个旧

---

① 毛泽东选集(第一卷)[M]. 北京：人民出版社，1991：31.
② 毛泽东文集(第六卷)[M]. 北京：人民出版社，1999：458.
③ 毛泽东文集(第六卷)[M]. 北京：人民出版社，1999：453.

社会(李小江，1995)。国家通过敦促妇女就业，把妇女纳入了"就业——单位——国家"的模式，完成了对传统家庭关系的改造，从而实现了国家对全社会(包括家庭中每一个人)的整合控制。

3. 妇女从单纯的"持家人"向"养家人"角色转变，实现基于传统性别分工的国家人和家庭人的双重建构

作为国家人，妇女与男性一样有相同的权利和义务，这是中国妇女解放理论的重要内容。妇女要投入救国图存的运动中，加入建设社会主义国家的大潮中，妇女从烦琐的家务中解脱出来投身于社会化大生产，实现经济身份的转换，这是对妇女建设者和国家人身份的确认。广大劳动妇女继民族解放之后获得了阶级解放，部分摆脱了父权统治和传统的性别角色的束缚。对妇女来说，她们和男性一样，民族解放和阶级解放是妇女当家作主的先决条件，从而使性别问题降为次要矛盾，并为男女义务平等创造了条件。对妇女来说就业不仅意味着从小家庭的束缚中解脱出来，更重要的是"不在家庭吃闲饭""为社会主义添砖加瓦"的政治意义(左际平，2005)。这些弱化了妇女作为"性别人"的特征，使之与男性都在向同一方向(国家人)转化并为同一目标(建设社会主义)奋斗①。

城市夫妻的性别角色是依照家庭外部"国家人"，家庭内部"男主外，女主内"的双重标准建构的。妇女在履行对国家、家庭的职责时还要帮助丈夫养家。男子的任务则单一，即为国家做贡献，承担主要的家庭经济抚养责任(左际平，2005)。对于妇女来说社会角色的增加和烦琐的家庭管理之间难免产生冲突，为解决这一问题，政府提倡并组织家务劳动的社会化，大力开办托儿所、幼儿园、公共食堂、洗衣房，积极组织个人消费品的工业化生产，尽量减轻妇女的家务负担。计划经济时期单位制成为国家对妇女性别角色双重建构的最佳载体和途径(蒋永萍，2012)。

(三)社会转型期女性的性别角色特征

1. 作为社会劳动者

男女在劳动中的角色平等取得了较大的进步。从两期妇女社会地位调查(2000 和 2010 年)的数据来看，女性的就业层次提高，职业结构趋于合理，就业自主性增强，农村青年女性的非农就业比重提高，城镇妇女就业的自立自主

---

① 引用自康克清．中国妇女第四次全国代表大会工作报告[EB/OL]．中国妇女研究网，2007-10-22．

意识增加，2010年18岁—64岁女性的在业率为71.1%，城镇为60.8%，农村为82.0%；男性的在业率为87.2%，城乡分别为80.5%和93.6%。男女两性的就业机会的差距缩小，但是劳动就业中对女性的不平等依然存在，特别在两性收入方面，两性的劳动收入的差距较大，女性的劳动收入低于男性。城乡在业女性的平均劳动收入仅为男性的67.3%和56.0%[①]。

2. 作为家务劳动者

存在男女的性别分工，但是差异有缩小的趋势。以两性角色的分工看，传统的"男外女内"的职责分工和"男主女辅"的模式已为夫妻共同承担职业和家务的双重角色所替代。通过比较城乡夫妻关系的异同，发现城市夫妻大多数是双职工，因此家务分配基本具有公平性（徐安琪，1998）。跨国比较研究也表明，中国男性比邻国日本和韩国的男性，家务劳动的参与度更高，女性更多的社会劳动参与和性别平等理念的倡导的确在很大程度上冲击着传统的家务分工模式，越来越多的丈夫参与家务，且做更多的家务（Marie Valentova，2013；杨菊华，2014），但是总体来看，男女的家庭劳动参与依然存在角色差异。女性的家务劳动时间依然大于男性。男性分担家务，但少于女性是可以支持和理解的。夫妻职业性质的不同使女性承担更多家务，女性也接受这种分工现实（徐安琪，1998）。杨菊华（2014）认为这是女性将家务作为一种资源，将做更多的家务作为维持婚姻稳定和家庭和谐的一种策略。

3. 作为家庭继承人

"继"包含两层意思，一是继人，这就是对老人的赡养义务，二是继宗祧，就是承担对祖先的祭祀（麻国庆，1999）。因此，作为继承人要承担权利和责任，具有继承家产、姓氏等权利，同时也要承担家庭的赡养义务。

几十年来人们对女儿的继承权态度发生巨大的变化。在对男女的继承权方面，人们的主观认同逐渐趋于平等。在20世纪90年代左右的调查中，在对出嫁的女儿继承家里财产的态度上，认为女儿应当与儿子平分遗产的人不到两成，城市明显高于农村，前者有40.6%，农村只有13.8%。并且无论城乡，认为应当平分的人中男性都多于女性（陶春芳等，1993）[②]。在2000年中国妇女社会地位的调查中，对女性继承权的赞成比例有所提高，赞同出嫁女儿与兄

① 第二期中国妇女社会地位调查课题组．第二期中国妇女社会地位抽样调查主要数据报告[J]．妇女研究论丛，2001（5）：4-12；第三期中国妇女社会地位调查课题组．第三期中国妇女社会地位调查主要数据报告[J]．妇女研究论丛，2011（11）：5-15.

② 陶春芳，蒋永萍．中国妇女社会地位概观[M]．北京：中国妇女出版社，1993：307.

弟平分家产的有 25.7%，比 10 年前提高 6.8 个百分点，其中女性为 23.6%，比 10 年前提高 7.4 个百分点，男性为 28.1%，比 10 年前提高 6.6 个百分点①。但是女性的赞同比例低于男性的状况没有改变。据 2010 年第三期中国妇女社会地位调查数据显示，76.3% 的人赞成"在都尽到赡养义务的前提下女儿应该和儿子平等继承父母财产"，相比较而言，年龄越小，对这一观点的认同度越高；居住在城镇的人比居住在农村的人更认同这一观点(第三期中国妇女社会地位调查课题组，2011)。另一些相关调查也显示，在继承权利方面男女平等的意识增加，如叶文振等(2003)通过对福建城镇的调查发现在家庭财产和姓氏传承方面，福建城镇的两性平等意识在加强，女性的继承权得到了更多尊重。2000 年城镇男女两性赞成出嫁女儿与兄弟平等继承家庭遗产的比重分别是 44.1% 和 28.4%，比 1990 年提高了 7.2 个百分点和 5.7 个百分点。"孩子可随母姓"持肯定回答的男女两性分别占 16% 和 30.6%，表示无所谓的分别为 27.2% 和 30.5%。其中认为无所谓的城镇女性为 43.7%。

在赡养父母的责任方面，经济帮助、生活照料、心理慰藉是赡养父母的三个主要内容。中国城市由儿子负责为父母提供养老的传统已基本被打破。在服务性养老方面，女儿为父母所做的贡献比儿子多，儿子为父母做家务的可能性比女儿小得多。在经济赡养方面，儿子和女儿对父母经济支持的差异不显著。经济支持的高低与父母的收入和子女的收入密切关联(陈皆明，1998；李东山，2000；米峙，2007)。随着生育率下降带来的子女数量减少，传统观念的淡化，女性社会经济地位的提高，女儿将在老年人照料中承担越来越重要的角色，对改善老年人的生活质量有重要意义(张文娟，2006)。但是父权制传统强大的"文化堕距"效应以及女儿养老文化氛围的极度缺失，制度建设的不健全，政策措施的不到位，个体心理的不适应等多种原因，致使女儿养老面临重重困难，独生女儿养老处于尴尬境地(杨金东，2013)。随着社会进步和养老责任的扩散，女儿养老是会为社会所提倡和鼓励的(吴元清，风笑天，2002)。曾毅等(2004)对高龄老人生活状况的研究发现，与农村高龄老人相比，城镇的高龄老人更倾向于与女儿同住。在城镇与子女同住的高龄老人中，27% 的男性和 29% 的女性高龄老人与女儿同住。可见与成年儿子同住并由此获得老年支持的传统观念在现代化过程中逐渐发生了变化。在城镇，老人与女儿及其丈夫同住的方式越来越被接受。与儿媳相比，女儿能向老人提供更好的照料。随

---

①　第二期中国妇女社会地位调查课题组. 第二期中国妇女社会地位抽样调查主要数据报告[J]. 妇女研究论丛，2001(5)：9.

着城镇化以及促进男女平等的社会制度不断完善，中国传统的性别偏好逐步发生改变。

4. 作为家计承担者

女性和男性共同承担起家庭生计，成为不可缺少的部分。随着女性就业增加，经济自主权增加，在家庭事务中的决策权也增强。中国自20世纪50年代起以制度的形式保障已婚妇女连续就业并实现男女同工同酬，从而避免了阶段性就业导致的女性自身资源的劣势，使已婚女性在职业层次、经济收入、劳保福利等方面与丈夫的差异得以缩小，为两性家庭和社会地位在事实上的平等奠定了基础。妇女和男性一样挑起赡养家庭的担子，持家能力又强于丈夫，并承担了大部分的家务，家庭角色也往往更自主、独立、平等，更具决策权（徐安琪，1990；杨善华，1994；叶文振，夏怡然，2003；马春华，石金群等，2011）。随着女性自我意识的觉醒，女性受教育程度的提高以及外出就业工作增加带来了女性地位的提高，改变了家庭中传统的两性角色和地位。家庭中妇女由被赡养者变为赡养者，由承担家务的单一角色转变为工作、家务两肩挑的双重角色，这对于现代家庭的结构，功能和关系的变迁具有举足轻重的作用。这些变化将影响着未来一二十年内家庭的发展（徐安琪，1990）。城市中女性的家庭地位较高，在很大程度上得益于社会环境的优越、连续就业和同工同酬的制度保障，以及社会舆论对男尊女卑的抨击。

第二节　家庭变迁与女儿养老

一、家庭变迁的理论观点

家庭研究经历了从将家庭作为社会变迁简单结果的分析到强调家庭自身变化的动力，再到家庭与社会变迁的相互影响作用的理论建构的变化过程。

（一）家庭进化论的观点

社会进化论是早期人类学、社会学关于社会变迁的一个主要理论流派。古典进化论的代表人物摩尔根（L. Morgan）在其《古代社会》一书中提出人类社会经历了蒙昧时代、野蛮时代、文明时代三个发展阶段，与此相对应人类的婚姻家庭形式也经历了血婚家庭、普那路亚家庭、对偶婚家庭、一夫一妻制家庭（单偶婚家庭）等几个发展阶段。按照摩尔根的观点，血婚家庭是人类家庭发展的第一个阶段，大致到了蒙昧时代的中级阶段，人类的两性关系出现了简单的、不严格的限制，即不准许在父母和子女之间发生两性关系，由此标志着婚姻关系制度的开始，为家庭的产生奠定了基础。血婚家庭的特点是按照辈分划分为不同的通婚集团，同一辈分的人则互为夫妻，是一种群婚形式。

血婚家庭之后的普那路亚家庭，也称为伙婚制家庭。这种家庭进一步排除了兄弟姐妹之间发生婚姻的可能性，不过它仍然属于一种群婚的形式。人类社会经历了伙婚制家庭之后就发展到了对偶婚制，对偶婚实际上是一种不牢固的个体婚。随着社会的发展，私有财产制的出现，为了子女财产继承的需要，人类社会出现了单偶婚制，即一夫一妻制，由此出现了个体婚家庭。个体婚的出现，推动了家庭从一个单纯的自然繁殖单位变成一个社会生产单位、经济和宗教单位，家庭也因此具有了生殖和性以外的其他许多功能，如经济功能、政治功能和宗教功能。

由于古典进化论将人类的历史进程简单化、直线化，遭到后来学者的广泛批评。

(二) 家庭现代化理论

家庭现代化理论以及对此理论的发展，是目前最具解释力的家庭变迁理论之一，在分析世界性的家庭变迁中具有权威性，影响着包括发达国家和发展中国家在内的多数国家的家庭现代化范式。20 世纪 50—60 年代，William J. Goode 的《世界革命与家庭模式》和 Smelsersi 的《产业革命中的社会变迁》两部巨著把家庭和社会变迁的关系研究推向新的高度，奠定了家庭现代化理论的基础。他们非常注重现代化对家庭生活的影响。工业革命以来的世界现代化进程对家庭制度带来了深远影响。从历史的角度看，社会变迁、技术变革以及意识形态的变化对家庭的结构、关系和功能造成极大的冲击。家庭现代化理论就是运用现代化理论的基本框架、核心范畴和理论预设来解释家庭变迁，强调个人主义价值观念和夫妇式家庭制度之间的适应性，以及核心家庭制度与工业化之间的适应性是家庭现代化理论的两个重要观点。

帕森斯所创立的结构功能主义学说是家庭现代化理论的主要源泉之一。结构分化的概念是现代化理论和结构功能主义之间的主要联系。帕森斯在《美国的亲属制度》中曾经从结构分化的角度对美国的家庭变迁进行过周密的论证。他认为核心家庭的孤立化是美国亲属制度最独特的性质，并且成为其大部分独特功能和问题的基础；核心家庭的出现是家庭功能专门化的结果，而不是家庭非功能化和家庭解体导致的。随着工业社会普遍的分化趋势，美国的核心家庭特别在居住和经济方面已经成为结构孤立的群体。这种核心家庭由于没有与扩大的亲属关系的利益瓜葛，因此在功能上能够满足其成员的情感需求和个性需要。帕森斯指出孤立的核心家庭不受强制性的扩大亲属群体及其权利和义务的制约，有益于工业社会所需的职业流动和地域流动。

首先，家庭现代化理论的核心之一就是现代核心家庭①，只有核心家庭才能最大限度地满足个人主义和平等主义的价值观，满足工业化和城市化的要求，而认为传统的扩大家庭阻碍个人自由和工业发展；强调核心家庭的重要性不仅是指居住模式，更与一整套价值体系、生活方式和物质条件等因素紧密相关。现代核心家庭是与工业化价值观相适应的，追求个体平等、独立与自由，有利于职业流动和地域流动。其次，家庭现代化理论提出家庭变迁的线性演进模式，即从扩大家庭向核心家庭发展。"在世界各地，所有的社会制度都在或快或慢地走向某种形式的夫妇式家庭制度和工业化，这在人类历史上还是破天荒的第一次"（古德，1986）。最后，家庭现代化理论认为工业化是家庭变迁的动力。家庭制度和家庭行为随着工业化进程而发展变化，"在社会科学家中，存在着一种共同的观念，即技术或工业上的变革是引起家庭变革的巨大因素"（古德，1986）。

家庭现代化理论进一步提出了家庭变迁的各种表现，第一，家庭的形成。青年人的婚姻更为自主，父母对子女婚姻的控制权减少，包办婚姻减少；嫁妆和聘金的流行程度下降，越来越接近男女双方交换礼物；妇女婚龄提高，男女的婚龄相当，婚龄差缩小。第二，家庭结构小型化、简单化，传统的家庭制度正在瓦解，扩大家庭或联合家庭向夫妇式家庭或核心家庭转变，大家庭向小家庭转变。第三，夫妻关系平等。妇女的就业率提高，权利增加，获得家庭中的平等权利，夫妻关系平等。第四，亲属关系疏远。核心家庭与亲属网络之间的联系减少（古德，1986）。

20世纪60—70年代，由于后发展国家在家庭变迁上表现出多样化的特点，研究者对家庭现代化理论提出批评并对它进行了发展和完善。他们开始重新考虑传统和现代的关系以及接纳和包容家庭变迁的多样性，对家庭现代化理论关于家庭结构、家庭关系等方面的特征进行发展，这被称为发展的家庭现代化理论（马春华等，2011）。

---

①　中国家庭核心化意义与此不同，中国的家庭核心化仅仅是基于居住模式数据判断的，在家庭关系、功能与价值观念上不同于西方的话语体系。

（三）财富流理论

财富流理论是澳大利亚人口社会学家考德威尔（J. C. Caldwell）①提出的。为了找到生育率下降的原因，他分析了先前稳定的高生育率存在的社会制度和家庭制度，以及转型时期不稳定的生育率发生的条件和生育率下降的工业社会的家庭变化。生育率高低的背后隐藏的是人们对生育和家庭经济利益的判断，由此带来了家庭制度的变迁。在不同的社会历史条件下，代际财富流动的方向决定了人们的生育数量，它本质上是由家庭生产方式决定的，反映了家庭制度变迁的过程。

在财富流理论中"财富"被定义为一个人提供给另一个人的金钱、物品、服务以及担保等。这表明财富不仅包括物质财富，还包括非物质财富。代际财富流是家庭内部、长辈和幼辈之间存在的财富流动关系。

在传统社会财富流向是向上的，从幼辈的财富流向长辈。生育孩子是有利可图的事情，孩子不仅是家庭财富的创造者，还可以为家庭带来较高的社会地位、更多的社会资本和资源。传统的大家庭制度需要并且助长高生育率的存在，高生育率也会巩固大家庭制度。传统社会中地方势力或宗派盛行的地方，子女数量越多，家族势力越大，家中人多则势壮，大家庭具有强大的优势力量。这种价值观念对高生育率有重要影响。大家庭中孩子是一种真正意义上的投资。在买卖土地的地方，农民有两种投资的途径，即土地和孩子，最好的投资形式就是两者的结合。

在传统的家庭生产方式下，大家庭内部的权力分配以年龄和性别来决定，家庭的生产和生育决策权都掌握在男性家长的手中，形成敬重老人、崇尚男子的家庭文化。此外大家庭忽视个人的感情，为了维护大家庭的经济功能，大家庭忽略夫妻和亲子间的感情。孩子的抚养义务是由大家庭承担的，当大家庭的家长逝去之后，兄弟间的联系松散，孩子的生父转而处于主导地位，得到大家庭抚养孩子的回报，孩子创造的财富流向长辈。

随着资本主义社会化大生产的出现，资本主义生产方式渗透进入传统的生产方式。劳动力市场补充甚至加强了家庭生产。大家庭中允许并鼓励年轻人外出工作，只要他们将工资的全部或者大部分投入家长控制下的公共家庭预算，

---

①　顾宝昌. 社会人口学的视野：西方社会人口学要论选译[M]. 北京：商务印书馆，1992：270-292.

并且外出工作的人也会把工资交给大家庭，因为他们随时可能需要家庭这个社会保障系统的支持，他们的就业缺乏保障，较低的工资收入使他们无法真正独立，他的妻子和儿女也还留在大家庭中。因此，外出工作的人会将挣到的工资送回家用于对土地的投资。大家庭依然会多生孩子，并送孩子进城工作，从而使钱财不断地流回农村。

19世纪中期西方国家存在二元生产体系。劳动力市场是男人的天地，一家之主外出挣钱养家。强调这种垄断的资源，就像农民家长强调对土地的控制一样。这种体系靠不断强调性别的分离而存在，它会受到妻子外出工作的威胁。而社会和国家通过给妇女和孩子提供不同的就业并付给较低的工资也促成这种局面的产生。同时绝大部分社区劳动没有按工资形式实现。只要社会区分市场上的生产性工作和家务劳动，并不断贬低后者的价值和实际付出的劳动，这种家庭体系就会保持稳定。这种二元体系的道德规范造成消费上的差异。丈夫的生活消费水平高，因为他们挣工资，而妻子和孩子则生活简朴。整个体系会由于若干原因变得不稳定。一个原因是工业试图与家庭生产竞争，并逐渐找到竞争的途径。稍微提高妇女的工资可以带来家庭内部关系的改变，首要的改变就是孩子的地位。

19世纪后期西方经济和家庭发生极大变化。财富流动方向逆转，由长辈流向幼辈。资本主义生产方式取代传统的家庭生产方式，家庭成员以独立身份进入劳动力市场，长辈失去对家庭成员的生产消费控制，同时也丧失了对其人口再生产行为的控制，子女不再具有以往的价值，反而随着大众义务教育的普及使得抚养孩子的成本增加，孩子消费增加，家庭的财富更多地投向子女，财富向下流，高生育率失去经济价值，经济决策和生育决策之间的关系断裂。

小家庭摆脱大家庭的控制成为独立的单位，家庭趋于核心化，情感发生变化。家庭成员之间具有了内在的平等的感情联系，妇女地位变得重要。平等的家庭关系带来家庭消费的平等。父母对子女的情感和物质上的投入增加，多生孩子不仅是一种经济负担，而且是感情负担。因而生育孩子的数量减少，生育率降低。

财富流理论通过对三个阶段的分析阐释了家庭制度的变迁，家庭结构、家庭关系、家庭功能发生变化。家庭结构由大家庭向核心家庭转变，由注重家长制权威向夫妻关系平等化发展，家庭成员地位平等，家庭的生产功能减弱，情感功能增强。

(四)家庭周期理论和生命进程理论

家庭周期理论和生命进程理论主要从家庭内部变迁的视角切入来观察家庭变迁。前者注重家庭周期的简单变化,后者从家庭成员个人发展中发现个人、家庭和社会的关系。家庭周期理论(family cycle)是对家庭结构变化的分析,它以父母为主线来探讨家庭结构的变化。从父母形成,生儿育女,子女成年离家,鳏夫寡妇的形成直到家庭解体,家庭可以分为几个周期。由于家庭周期理论只以父母为主线,没有注意到其他家庭成员,尤其是儿女地位的变化,因此,社会学家艾尔德针对这一缺点提出了一种新的理论,就是生命进程理论。生命进程理论(life-course approach)主要探讨家庭成员个人的发展历程,如何时成为儿童,何时成年,何时结婚,何时做父母以及在这个过程中家庭会发生什么变化,将个人、家庭和社会三个层次的变迁联系起来。

二、当代中国家庭变迁与女儿养老

在漫长的历史进程中,中国形成了完整而严密的传统家庭制度,这种制度以父权制为基础,对于家庭家族中的各种关系,包括夫妻关系、代际关系、亲属关系、性别关系等都有着详尽的规定,并形成了一套与之相适应的文化伦理规范对这种制度进行支持和维护。在中华人民共和国成立以后,尤其是改革开放以来,深刻的社会经济变迁以及国家主导的人口政策重新刻画了中国家庭乃至整个社会的形貌,推动中国家庭发生巨大变迁(彭希哲等,2015)。但是家庭制度还是保持着深厚的传统积淀,一些传统因素和制度设置仍然主导着现代家庭,如父系父居等。尽管如此,家庭在应对现代化冲击的过程中也相应做出调整,表现出具有中国特色的现代家庭特征。家庭变迁与人口转变、社会转型相互嵌入,共同描绘出中国社会转型期的特色。家庭是社会的细胞,是国家发展,民族进步、社会和谐的重要基点。转型期中国家庭的种种变迁成为学术界和政策实践者关注的重要议题。对家庭变迁的解读往往体现在家庭内部的结构与功能变动,家庭关系与亲属关系的变化,以及社会经济体制和国家政策因素对家庭的影响几个方面。

(一)家庭变迁的主要表现

1.家庭内部的结构、功能变迁

大量的家庭研究聚焦于家庭结构与功能的变迁,当前已经形成基本的共识：家庭结构简单化、家庭规模缩小是我国家庭内部结构变动的主要特点。对家庭结构的分析实际上是对"家庭户①"规模的描述。在计划生育政策的实施、人口迁移流动加剧等因素的多重作用下，家庭结构在近几十年来呈现不断缩小的趋势。

费孝通(1985)对江村农村的观察发现核心家庭比例基本稳定在38%左右，主干家庭在20世纪80年代家庭联产承包制实施之后出现回升趋势，由1964年的20.5%升到1984年的43.2%。曾毅等(1992)根据1990年10%抽样资料统计出，1982年三代直系家庭比例是18.8%，1987年有所增加，是20.0%，1990年又下降至18.4%。王跃生(2013，2007)对中国家庭的结构变化做了一系列研究，他主要依据人口普查数据进行分析。他的研究指出中国家庭的核心化②在20世纪60年代已经实现，20世纪80年代的集体经济组织解体也没有导致家庭核心化水平的下降，到2000年，家庭的核心化水平有所下降。2000年以来，在计划生育政策的助推下，中国家庭结构变动主要表现在核心家庭比例明显下降，单人户和直系家庭增加。其中城市核心家庭构成缩小，单人户明显增加，直系家庭稍有降低；农村核心家庭构成降幅较大，单人户和直系家庭上升。在家庭的人口规模上，1982年第三次人口普查时5人及以上家庭户比重近半，但1990年以来1~3人户比重快速上升，至2010年已达65%，家庭户规模的缩减趋势在城市和农村趋同，收缩都比较迅速(彭希哲等，2015)。

在中国人口转变与社会转型的过程中，随着低生育率的持续和城市化的推进，以及住房条件的改善和家庭观念的转变，越来越多的大家庭"裂变"为小家庭，核心家庭是中国家庭的主要形态，主干家庭也是最稳定的家庭类型，基本保持在16.4%~16.7%，但当今的三代家庭户与传统的三代家庭户存在本质

---

①　由于不同国家或民族语言中"家庭"的内涵与外延不尽相同，家庭对中国人的意义不仅在于夫妻之间，更在于亲子和代与代之间，但家庭研究的数据资料往往根据家庭居住关系来分类，因此将家庭户作为家庭的代表。家庭户定义的核心是居住关系，即居住在同一门户内。对家庭规模的判断就是基于对家庭户规模的分析。

②　王跃生认为家庭的核心化是核心家庭在所有家庭中不断增长的过程，当核心家庭达到较高水平，成为社会主导的家庭类型时，就可以称之为家庭的核心化。郭志刚在其研究中对核心化做出过解释，他指出，在家庭核心化分析时应该注意两种偏向，一是家庭核心化和家庭规模缩小的关系，另一种是核心家庭的比例增加是不是就等同于主干家庭向核心家庭转变(郭志刚.当代中国人口发展与家庭户的变迁[M].北京：中国人民大学出版社，1995：30-33)在讨论家庭的核心化时，并不意味着中国家庭会像西方家庭现代化理论预设的那样，现代家庭就是核心家庭，中国的现代家庭中直系家庭也保持稳定的比例。因此，核心化只是核心家庭在数量上的增加。

区别，最重要的一点就是"同居但不共财"（彭希哲等，2015）。

家庭结构是家庭的组成形式，体现着家庭成员关系、生存方式和家庭功能的实现。家庭结构的简单化和家庭规模的缩小必然影响家庭的功能实现。在当今的中国家庭，家庭功能弱化成为发展趋势。家庭功能主要指家庭的生产、消费、情感、生育、抚育、赡养等方面的功能。

在社会化大生产和市场经济的专业化分工下，家庭的生产功能被取代，各式各样的教育机构大量出现，教育的市场化分担了家庭的教育抚育功能，而在人口流动，家庭子女数量减少的背景下，大量的空巢和独居老人的家庭养老功能出现弱化，而核心家庭的情感、消费功能有所增强（唐灿，2005）。从西方发达国家近代家庭核心化的制度设置来看，其中一个重要的制度基础是其相对完善的福利和社会保障体系，这些制度安排保证了核心家庭中的个体可以不依赖于扩大家庭的亲属网络就能够生活，并对个体的生老病死都有比较完整的保障，基本公共服务和福利制度建立在核心家庭之上。但是中国的家庭规模小型化产生的核心家庭并没有可以依托的制度基础，个体的生活需求与发展计划、风险等都需要家庭的支持，家庭负担加重，往往难以满足功能需求，在养老、抚幼、家务劳动等方面核心家庭独力难支（彭希哲等，2015）。

2. 家庭关系与亲属关系的变迁

"差序格局"是费孝通（1947）对传统中国社会的社会关系概括，"在差序格局中，社会关系是逐渐一个一个人推出去的，是私人联系的增加，社会范围是一根根私人联系所构成的网络"。亲属关系是"根据生育和婚姻事实所发生的社会关系，从生育与婚姻所结成的网络，可以一直推出去包括无穷的人，过去的、现在的和未来的人物"，亲属关系就像是一波波的水纹，中心是自己，一圈圈的就是自己与其他人的关系远近和亲疏程度。在这个关系中，最核心的是家庭内部由于生育和婚姻缔结的关系，主要是家庭成员之间的亲子关系或代际关系，通常家庭研究中较多地关注代际关系。代际关系一般与家庭的抚育和养老功能密切相关，因此而备受关注。

中国传统社会的代际关系的一种均衡的状态，费孝通（1983）称之为"反馈模式"，父代抚育子代，子代反哺父代，形成"父慈子孝"的关系模式。随着社会转型与经济转轨，家庭结构发生变动，代际关系出现了许多变化，主要表现为代际关系的抚育与赡养出现失衡。家庭资源更多地向下代倾斜，而缩减了对于上代的责任，代际情感减少，代际亲情减少（贺雪峰，2008）。杨善华等（1999）在费孝通差序格局的基础上，以"差序格局理性化"来概括当代农村社会所发生的变化，不论在家庭、家族还是社会关系中，互惠或者利益在关系的亲疏中起着举足轻重的作用。

家庭结构和家庭关系、亲属关系的变化导致家庭功能的实现要寻求新的解决路径。特别是核心家庭的基本功能实现遇到困难时，就会加强核心家庭与父母家庭的联系。因此家庭功能的完成必须依靠亲属网络。这种网络化是以实用主义为导向的家庭网络，以核心家庭为主要的独立经济和决策单位，网络连接方式松散没有特定规范，以互助互惠的工具性诉求为主，以经济因素为核心的理性原则。当代核心家庭的功能网络较多的以亲子关系为核心，血缘和姻缘并重，主要以核心家庭中的夫妇及其双方父母家庭的互动为主(彭希哲等，2015)。这种互助模式是中国家庭应对风险和适应变迁的重要屏障，特别是在养老、抚幼方面，亲属网络发挥重要作用。

3. 国家政策、社会经济制度对家庭变迁的影响

国家政策和社会经济体制对家庭制度产生了重要影响。国家力量渗透进人们生活的各个方面，不仅对家庭结构、家庭关系、文化体系产生深刻影响，同时也改变了人们的价值观念。如国家的土地制度改革、经济体制改革、人口政策、等都对家庭和个人产生了深刻影响。

国家对传统的社会文化结构性力量产生影响，打破了传统的文化规范的存在基础。杜赞奇(2003)对1900—1942年华北农村的社会史研究深刻地阐释了国家权力与乡村社会的互动关系，认为乡村社会的文化网络是国家政权进入乡村社会的渠道，进入20世纪之后，国家权力的扩大及深入极大地侵蚀了地方权威的基础。郭于华(2001)认为在1949年以后，国家力量改变了渗透进入乡村社会的方式，国家力量从通过乡村文化网络影响社会转而成为消解传统文化规范并取而代之。郭于华在对河北农村的代际关系变化的研究中，就探讨了国家如何使用行政力量和象征系统改变了乡村社会原有的运作逻辑和规范，在这个过程中传统的社会结构和与之相适应的一套文化意义结构都得到消解。家庭中的权力结构发生改变，代际权力下滑到子代，从男性转向女性，老人权力的衰弱直接导致老年的悲惨处境，整个社会对家庭养老的结构性约束已不复存在。

人们的价值观念和个人生活于其中的家庭都在国家和社会经济体制的变迁中发生了深刻的变化。阎云翔(2009)对黑龙江下岬村的调查发现了国家对农民生活的影响。在过去的半个世纪里，国家在家庭变迁中起了最为关键的作用，这一过程推动了私人生活的转型以及个人价值观念的改变。国家力量深刻改变了个人的价值观念。不仅是个人价值观念的改变，农村地区的经济体制改革对家庭制度也造成了深刻的影响。在对农村家庭分家制度的研究中，阎云翔

(1998)分析了农村分家的逻辑。具有市场经济取向的农村经济改革使得个人的财产观念得到发展，为了积累个人和小家庭的财产，年轻一代要求与父母提前分家，由传统的一次性分家变成以"净身出户"为特点的系列分家模式，子代结婚会立即分家，大大缩短了家庭分家的时间，改变了家庭周期。分家之后建立的核心家庭处于十分脆弱的境地，没有财富积累，又要抚育幼小，因此，核心家庭的脆弱性导致母家庭和子家庭之间以及数个包括宗亲和姻亲在内的小家庭之间都相互依赖与紧密合作，经济的、情感的联系都变得紧密，形成网络家庭结构。

王跃生(2002)分析了社会体制和生产组织方式变革影响下的农村家庭变动的路径。20世纪40—90年代剧烈的社会变革中，如20世纪40年代末50年代初的土地改革，20世纪50年代后期人民公社的建立和20世纪80年代初家庭联产承包责任制的实行改变了人们在婚姻家庭中的生活方式。在社会变革背景下，国家增大了对民众婚姻行为的干预，初婚年龄就是最直接的表现，它由传统的家长约定变为政府的外部硬性规定，而在家庭结构类型上虽然没有直接规定，但是国家通过改变生产资料占有方式触动了传统家庭的存在基础，进而家庭的结构小型化、简单化能够在短期内实现。彭希哲等(2015)指出中国在过去30多年间实行的人口政策是影响中国家庭制度变迁的重要因素，这一政策对中国家庭的影响还会长期存在，特别是由于人口政策的作用，大量的独生子女家庭具有较大的脆弱性和风险性，将来他们面临着社会经济进一步转型的巨大挑战。

(二)家庭变迁中的女儿养老

家庭是每个社会成员生活的基本单位，对个体的生存发展具有无法取代的重要作用。家庭的变迁导致其在规模、结构与功能稳定性方面发生了很大变化，深刻影响个体的生活世界。在计划生育政策的实施、人口流动迁移等多重因素的作用下，我国家庭规模小型化、结构简单化，在一些家庭制度安排上出现不同于传统家庭制度的设置，如居住安排变化带来了空巢家庭、隔代家庭、纯老家庭①的大量出现。家庭在基本功能实现上出现了弱化，特别是在养老的功能上大大弱化。而在我国老龄化进程不断加剧的情况下，家庭与社会面临沉

---

① 纯老家庭指全部由老年人组成的家庭，不仅包括老年夫妻2人组成的家庭，还包括其他老人加入，有3人及以上老年人口的家庭，主要形式是老年夫妻与其高龄父母或同辈兄弟姐妹组成的家庭。

重的养老压力。

人口老龄化给中国社会带来了严峻的挑战。截至 2015 年年底，全国 60 岁及以上老年人口为 2.22 亿，占总人口的比重为 16.1%，其中 65 岁及以上老年人口为 1.43 亿，占总人口的比重为 10.5%①。这一数据比 2010 年人口普查时的 60 岁和 65 岁及以上人口比重 13.26% 和 8.87%②分别上升了 2.84 和 1.63 个百分点。预计到 2050 年我国 60 岁及以上老年人口规模将接近 5 亿，65 岁及以上老年人口规模将达到 3.7 亿。③

在快速城镇化和人口流动加剧的趋势下，相对城市而言，农村地区的养老问题更加严峻。当前我国农村地区社会养老保障制度尚不健全，家庭养老扮演着至关重要的角色。在儒家文化影响深远的中国，人们历来存在"养儿防老"的观念，父母将未来的养老更多地寄托在儿子的身上，女儿始终是个被忽略的角色。由于中国家庭制度中的婚姻制度、婚后居住制度以及继承制度都是以男性为中心建立的制度体系，女性被排除在这一体系之外，因此，自女孩的出生开始便被差异性对待，此后社会性别角色的不平等在女性的一生中展开。

在养老的性别差异方面，针对西方发达国家的研究发现在赡养父母时儿子更可能提供经济支持，女儿更可能提供生活照料的现象，有学者提出两种解释视角：其一是性别角色理论，其二是资源禀赋理论(许琪，2015)。性别角色理论认为社会对男女两性角色有着不同的期待和要求，从而会影响男女两性在家庭养老中的方式。对儿子可能表现出更男性化的行为，如提供经济支持，而女性则承担女性化的工作，如家务劳动和生活照料。资源禀赋理论则认为儿子通常掌握较多的经济资源，较强的经济资源禀赋赋予男性提供经济支持的责任，而女性在经济禀赋上处于劣势，反而在家庭劳动中占据优势地位，因此更适合承担老年父母的日常照料工作。

目前上述两种理论解释框架是针对传统的男女在养老中扮演的角色的解释，同样的，可以用来解释女儿养老的现象。在性别角色理论的框架中，由于对女儿角色期待的转变，即希望女儿成为父母赡养的重要资源，女儿能够为父母提供全面的赡养，而不仅仅只是照顾角色。正是因为角色要求的转变，女儿

---

① 国家统计局．2015 年国民经济和社会发展统计公报［EB/OL］．http：//www.stats.gov.cn/tjsj/zxfb/201602/t20160229_1323991.html.

② 国家统计局．中国 2010 年人口普查资料［EB/OL］．http：//www.stats.gov.cn/tjsj/pcsj/rkpc/6rp/indexce.htm.

③ 陈卫．国际视野下的中国人口老龄化[J]．北京大学学报：哲学社会科学版，2016（6）：82-92.

养老才得以成为可能。而在资源禀赋的框架中，当前由于女性就业和经济的独立，女儿在经济资源禀赋上与儿子的差异逐渐消解，同样能够提供养老的经济支持，因此女儿养老在当前的家庭养老中的作用越来越重要。

本研究将结合性别角色理论和资源禀赋理论，将女儿养老放在家庭策略的分析视角下观察女儿性别角色的转变以及女儿在养老中资源禀赋的增强，将其视为家庭的策略性行动，建构女儿养老的发展轨迹。

第三章　女儿养老的现状与特征

第一节　女儿养老现状

一、农村的女儿养老现状

近年来我国家庭养老中出现的女儿养老的现象不断受到关注，许多学者对此现象进行了解读，研究内容涉及女儿养老的现象描述、原因分析、行为定性以及前景展望等。农村女儿养老行为研究中主要分为对两种不同形式的女儿养老的研究，一是在传统的男娶女嫁婚姻家庭中对女儿赡养娘家父母的研究，另一种是通过婚姻安排被留在家里不外嫁的女儿的养老行为研究。

女儿对父母的赡养行为逐渐受到学术界的关注，相关研究不断涌现。农村的家庭养老中女儿的作用越来越受到重视，女儿似乎已经突破了传统父权制下严格的规范束缚，不断地参与娘家父母的养老实践中。她们作为儿媳妇承担对夫家公婆的赡养就足够，可是事实上她们却在娘家父母的赡养中举足轻重。女儿对娘家父母的赡养支持可以分为礼节性给予和分担性给予两种类型，礼节性给予是为了尽义务，而分担性给予是为了满足实际的需要。在女儿养老中分担性给予的增加更能体现女儿对娘家父母赡养的作用。

(一)现象描述

已有研究主要从女儿和儿子的赡养行为差异中描述了女儿对父母的赡养方式、内容、时间等。张文娟(2006)在研究高龄老人的日常照料问题时发现家庭养老中的性别差异。当高龄老人存活的女儿数多于儿子数时，女儿会成为主要照料者，并与老人同住，这一比例为68.2%，而当高龄老人存活的儿子数较多时，儿子与老人同住并成为主要照料者的比例是87%。在控制其他相关因素时，女性老人更倾向于接受来自女儿的日常照料，此外在城乡对比中，城镇中的高龄老人以女儿为主要照料人的可能性会显著增加。以往从事非农劳动和家务劳动的高龄老人更可能接受来自女儿的照料。范成杰(2009)的研究发现农村家庭正在由"儿子养老"演变为"女儿参与养老",由此表明支撑农村家庭传统养老模式的基础已经遭到侵蚀。女儿发挥着养老的工具性作用,甚至被形象地称为"银行",形成一种"儿子多了反而贫困,女儿多了反而更好"的局面。女儿在养老上的作用也影响到农村家庭的生育观念。唐灿等(2009)在浙东农村发现女儿的赡养活动是为父母的养老锦上添花,提供温饱之上的其他物质和精神赡养。具体可以有情感慰藉、生活照料、实物或货币支持,承担父母生病丧葬费用等多种形式。高华(2012)发现农村家庭养老中的新性别差异。与儿子相比,村落社会中的女儿养老行为有许多独特之处,在赡养方式、赡养时间和赡养规则上都有不同。在赡养方式上,女儿以回娘家的方式进行赡养,而儿子则是以轮养的方式赡养父母。在赡养时间上,女儿自出嫁成家之后就开始承担赡养责任,而儿子则是在父母年老丧失劳动能力后开始实行赡养义务。在赡养规则上,女儿赡养遵循情感逻辑,儿子赡养遵循理性逻辑。实际上儿子具有赡养义务,同时也具有财产继承权利,而女儿承担赡养义务,但是免除了继承权利。章询(2014)运用个案研究方法通过对农村多子女家庭中儿子和女儿与父母的代际交换发现了养老中的性别差异。

一些学者通过调查数据,用定量研究方法也发现女儿和儿子的养老行为差异。张航空(2012)利用家庭动态调查数据发现儿子和女儿的代际支持的性别差异特点,同时存在性别差异淡化的现象,女儿和儿子在养老中的作用旗鼓相当,不可或缺。儿子和女儿在代际支持中同时存在着合作分工策略和层级补偿策略。在经济支持和情感支持上儿子和女儿各有侧重,有没有兄弟对女儿的代际支持产生影响。有兄弟的女儿给予父母更多的实物支持,而儿子在付医药费上的可能性比有兄弟的女儿大;有兄弟的女儿给父母打电话的次数多,但是有兄弟的儿子与父母见面的次数更多。没有兄弟的女儿则会全面替代儿子的角色,承担本应由儿子承担的责任。许琪(2015)利用 2010 年中国家庭追踪调查的数据发现在农村地区多子女家庭中呈现出"儿子出钱,女儿出力"的分工合作式赡养模式,总体上看儿子对父母的赡养效用依然大于女儿,可能是因为父母与儿子同住带来的;在控制居住方式的影响后,儿子就仅在经济支持方面的直接效用大于女儿,女儿在生活照料上的直接效用显著大于儿子。张翠娥等(2015)发现在女儿对赡养父母的高接纳与女婿对岳父母在家养老的低接纳,使得农村女儿为父母提供同住养老面临困境,转而通过为不同住的父母提供养老资源,并且女儿与儿子提供的养老资源相差不大。这种分离式养老是女儿提供养老之实,却不具有养老之名的表现。养老虚名受到限制源于传统父系制度的规范约束，而实际养老贡献得益于女性家庭地位与权力的提高与增强。名的获得是女儿无法掌控的，而实的付出是女儿能够操作的。张翠娥等（2015）根据女儿养老的特征将其分为从传统社会的无名无实，到过渡时期的名实分离，再到现代或未来社会的名实融合。这一变化轨迹是将女儿养老现象放在纵向的时间序列中观察女儿养老的特征变化，揭示从传统到现代变化的过程中女儿的养老作用。

　　从女儿和儿子养老的性别差异来看，外嫁女儿养老是在权利与义务不平等基础之上以女儿养老能力提升和社区养老伦理规范重构来推进的女儿主动与被动相结合的行为实践。女儿在提供照料支持、精神慰藉和经济支持，包括负担医疗费用等方面发挥作用，相比传统规范下的女儿，这些支持起到重要的家庭养老保障的作用，甚至可以和儿子的养老支持不相上下，从而影响老年人的生活质量。但是在与儿子养老对比中，女儿依然不被赋予相等的继承权。张翠娥等（2014a）研究了人们对女儿养老的认可态度及其影响因素。大多数农村居民对女儿养老持无责任不接受的态度，但有部分居民开始承认女儿对父母的赡养责任以及接纳女儿养老。这一认可态度受到个体的现代化程度以及家庭子女资源的影响。仅有女儿的农村居民更能接受女儿养老①。

　　以上关于女儿养老的研究主要针对的是外嫁女儿的养老行为，还有另一种不外嫁的女儿养老现象，即通过婚嫁模式的安排将女儿留在家里，而不是脱离父母家庭外嫁到男方家里。已有学者对此现象做出过研究，发现女儿养老具有较好的效果。李树茁及其团队在2000年左右就对招婿的女儿养老进行过系统研究，他们对不同婚嫁模式下的家庭财富代际转移、对分家的影响、儿子和女儿的老年支持的差异、与父母共居时间的差异等进行了研究，发现在两种婚嫁模式下的女儿和儿子的养老功能是相同的。因此招赘婚姻有利于缓解老龄化背景下没有儿子的老人的养老困难。婚嫁模式对家庭关系、居住安排、家庭养老都有显著的影响，与嫁娶婚姻相比，招赘婚姻在向父母提供家庭养老的可能性和质量上有着更大的优势。招赘夫妻婚后与父母共居的时间也比嫁娶夫妻长，他们在经济、家务和农活上能更好地为父母提供老年支持。同时，由于避免了嫁娶婚姻家庭中普遍存在的婆媳矛盾，招赘婚姻家庭的代际关系更加和谐。因此，在没有儿子家庭不断增加的背景下，招赘婚姻在农村的流行为家庭养老支持提供了又一种选择（李树茁等，2001，2003，2006；靳小怡等，2002）。田

---

　　① 仅有女儿的农村居民更接受女儿养老的观念，这是只有女儿的家庭在养老上的被迫选择，他们为了家庭发展而不得不改变观念。

瑞靖(2013)运用质性研究方法对个案村庄进行分析指出招婿婚姻建立的家庭形成以女儿为中心的家庭权力结构,家庭代际关系实现了相对均衡,同时通过宗亲和姻亲关系的重建,在村庄中建立了强大的女儿养老的伦理规范,使得女儿养老既获得了正式的身份认同,同时也为老年父母的生活带来了较好的质量。

(二)原因分析

女儿养老现象的出现是许多因素综合作用的结果,包括生育政策、经济制度、社会性别制度、文化因素、家庭关系变迁等诸多方面。

第一,计划生育政策的影响。20 世纪 70 年代以来的计划生育政策对我国家庭产生了重大影响,计划生育政策直接限制家庭的生育数量,家庭人口数量的减少,家庭规模缩小。独生子女家庭和纯女户的大量增加导致家庭养老中子女资源的紧缺。独生子女家庭中独子不会参与到招婿婚姻中,使招婿婚姻变得难以实现。而大量的纯女户家庭,女儿作为家庭唯一的子女资源,必定肩负起父母的养老责任。女儿在家庭养老中的责任成为养老需求实现的必然手段。

第二,劳动力流动的影响。自 20 世纪 80 年代以来,在中国经济由计划体制向市场导向性改革的过程中,人口的流动经历着内在机制和外在形态方面的深刻变革,其突出的表现就是非正式迁移的大量增加。我国经济体制改革和结构调整使农村产生了大量的剩余劳动力,而城镇随着经济的快速发展具有吸纳劳动力的空间,宽松的户籍制度也促进了人们的空间迁移。在 1982 年至 2010 年间,中国的流动人口增长了 30 多倍,从 1982 年的 657 万人增加到 2010 年的 22142 万人,从占全国人口总量的约 0.6% 升至 16.6%(杨菊华等,2014b)。在劳动力流动中存在着性别的差异。从非正式迁移人口的年龄和性别结构来看,在年龄上高度集中在 15 岁至 29 岁年龄段上,性别构成上普遍是男性多于女性(仅在 15 岁至 19 岁的年龄段上,男性和女性的比重基本正常),在业率相当高。15 岁至 19 岁非正式迁移人口的性别比是 106.39,处于正常水平,在业率为 81.64;随后逐渐升高,20 岁至 24 岁性别比为 123.21,在业率为 87.05;25 岁至 29 岁性别比达到 142.29,在业率 82.99。随着年龄的推移,非正式迁移人口性别比持续升高,40 岁至 44 岁年龄段达到最高值为 214.87,45 岁至 49 岁性别比是 203.98,之后逐渐出现下降趋势(杨云彦,1996)。这说明农村男孩女孩在未婚前进城打工的比例较高,由于农村普遍早婚,女孩到了结婚年龄,她们便要回乡结婚,婚后留在农村照顾家庭,因此女性迁移的人数逐渐减少,形成农村男性青壮年外出打工人数明显高于女性,农村留守人口中女性多于男性的局面。一般在 40 岁之后，家庭面临"上有老下有小"的阶段，家庭养老的责任就主要由留守在家的女性承担，这使得女性在家庭中起着举足轻重的作用，在家庭养老中的作用得到凸显。

第三，妇女地位提高。中华人民共和国成立以来男女平等的基本国策不断推进，女性在各方面逐渐与男性享有平等的权利，受教育权、就业机会的平等使女性具有经济独立的能力，在经济上不再依附于男性。20 世纪 80 年代初期农村实行家庭联产承包责任制之后，土地分田到户，年轻夫妇从公婆掌权的扩大家庭中分离出来，摆脱了公婆权力的束缚，实现小家庭的自主权，女性在娘家的父母赡养中发挥作用得以实现。家庭关系中由父子主轴转变为夫妻主轴，家庭权力由父代转向子代，妇女的家庭地位显著提高，女性地位和能力的提升是关键因素。已有研究指出女儿参与自己父母的养老与女儿自身的资源禀赋有关，出嫁的女儿作为老人和儿子儿媳养老博弈的筹码被引入进来并发挥工具性的价值，源于女儿的经济实力和家庭地位。儿子在名义上要赡养父母，但由于养老冲突，实际的赡养资源都是女儿提供，因为女儿比儿子"混得好"（范成杰，2009）。妇女地位的提高赋予了女性在养老中能力的提升，女性经历了从不管娘家事到成为娘家重要的养老资源的转变。

第四，姻亲关系的发展。许多研究发现，农村家庭的姻亲关系逐渐强化，媳妇在弱化赡养公婆责任的同时强化了赡养自己父母的新责任（曹锦清，1995）。农村分家后姻亲的重要性有所增强，许多人将姻亲看得比宗亲还重要（阎云翔，1996）。以往社会以父系为主轴的亲属体系发生改变，通过对上海亲属体系的研究发现，亲属网络出现双系并重并向女系倾斜（徐安琪，1990）。单系继替渐成历史还反映在女子婚后不必在自己的姓氏前冠以夫姓。男子对婚后的从妻居也少有心理障碍。男女青年结婚时一般难以分到新房，于是便以父母住房较宽敞的一方为婚后居处，而不在乎是男家还是女家。正如男子单系的亲属体系是以父权为中心的家庭制度的延伸，双系并重的亲属网络无疑是男女平权的家庭关系的折射。妇女由于在家政管理中扮演主要角色，不仅有生育责任，还在子女抚育，生活照料、家庭经济安排等方面更操心，从男女的心理状况来看，女性更容易向他人求助，由于女性与娘家的天然感情联系，因此娘家成为女性求助的首要对象（徐安琪，1995）。现代社会核心家庭与亲属网络保持着密切互动，形成核心家庭的网络化，同时形成双系并重的局面，在一定程度上还有向女方倾斜的趋势（李东山，2000；徐安琪，2001；马春华等，2011）。

第五，女儿养老受到个体、家庭和村落特征的影响。张翠娥等（2013，

2014，2015)在针对农村女儿养老的系列研究中指出女儿养老与个体现代性程度、家庭子女资源和社区宗族文化等密切相关。张翠娥等(2013)对江西省农村微观调查发现农村居民的个体特征和家庭特征都会对农村女儿养老的社会认同产生重要影响。个体特征主要代表着个体的现代性程度，个体的现代性程度越高，越倾向于认同女儿养老，排斥传统的养儿防老观念，倾向于认同儿子和女儿在父母养老中趋于平等角色，因而更容易接受女儿养老。家庭子女资源会影响女儿养老的社会认同，女儿数越多的农村居民和有女无儿的农村居民更认为女儿有养老责任，有女无儿的农村居民更能接受女儿养老。张翠娥等(2014b)比较不同宗族文化的四地农村发现村落宗族文化与女儿养老有关。与有宗族组织的村落相比，没有宗族组织的村落社区中女儿更经常为父母提供养老资源，而宗族的公共服务功能越强大，女儿越不经常为父母提供养老资源。现代宗族组织不同于传统宗族社会对父系的强调，宗亲和姻亲的共同发展为现代农村社会中女儿养老留出了发展空间，尽管女儿养老面临阻力，但是新宗族社区中对女儿养老提供了更多的接纳和支持①。

(三)行为性质定义

唐灿等(2009)将女儿赡养的行为与儿子赡养行为放在两种模式中进行对比，女儿养老是以情感，包括亲情、情分、恩情等为基础的非正式的养老模式，而儿子则是基于规范，即责任、身份等来进行赡养义务的模式。在长期的实践过程中，女儿的赡养被逐渐赋予伦理约束和期待。在农村家庭对女儿养老需求和女儿赡养能力的提升之上逐渐将女儿的赡养行为进行模式化和规范化，实现责任的累积与惯习的生成，被赋予伦理上的合法性。女儿养老行为的非正式性、非制度化责任和义务同儿子的正式的、被制度化的行为一样面临着伦理的压力。女儿赡养行为伦理被建构的过程其实就是农民对这种行为认知的过程，农民对女儿赡养的接受和认可，在不平等的制度安排之上用另一种伦理话语来解释，将女儿的身份、声誉嵌入其中，给予女儿赡养行为"情分"和"孝"的标签。这个认知过程是排除在正式的规范化制度之外的，父系的家族体系和

---

① 张翠娥等人的研究中并没有解释为什么新宗族会接纳和支持女儿养老。笔者认为这是因为新宗族背景下农村家庭养老的完成仍然需要在家庭内部解决，新宗族不会对家庭内部形成约束，但也不会提供实质性的养老帮助。农村家庭为了家庭的发展和功能的实现，可以利用女儿这一资源。这也是个体家庭发展能力的体现，表明家庭具有收缩和扩大的张力。

传承规则没有因此改变。因而女儿赡养就是农民利用家庭的现代资源补充传统体制缺失的家庭策略。张翠娥等(2015)认为女儿养老的名实分离是当前女儿养老在困境下的行为妥协,未能真正实现养老的性别平等,但也是一种进步。

二、城市的女儿养老现状

在城市中,女儿养老现象早在20世纪90年代就已较为常见,徐勤(1996)对保定市1994年的调查资料研究显示,女儿和儿子都为父母提供养老支持,总体上看儿子和女儿的支持比例接近,但儿子在各方面的支持量高于女儿。从居住状况来看,父母与儿子同住的比例(34.65%)高于与女儿同住比例(16.1%),但与父母同住的女儿的支持量多于与父母同住的儿子。因此虽然与女儿同住并非普遍现象,但女儿在父母的养老支持上发挥作用的现象不容忽视。1997年调查数据显示45.8%的老年人的主要经济帮助者是儿子,9.2%的老年人的主要经济帮助者是女儿;在生活照料和心理慰藉上女儿超过儿子的作用,特别是女性老年人更愿意向女儿提出养老需求(米峙,2007)。郭志刚等(1999)通过对北京市1995年1%的抽样数据,将女儿与父母同住的类型划分为6种,统计出女儿女婿与女方父母同住的比例占全部家庭户的2.78%①。2000年北京市老年人与女儿同住的比例是18.1%,而农村仅为4.6%。城市比农村易于实现女儿同住养老,女儿既能够获得名义上的养老认可,同时也提供着实际的养老资源。这与城市的家庭权力结构,社会传统文化的约束力降低,子女数量减少独女户家庭增多有关。

快速的城市化过程中女性地位的迅速崛起和人口转变带来的对女儿养老需求增加的差异性导致了城乡家庭在赡养老人时表现出不同的性别分工模式。许琪(2015)发现在城市,女儿在经济支持和生活照料两个方面的作用都已经显著超过儿子。儿子和女儿在赡养父母时的角色转变明显。谢宇和朱海燕(2009)的研究指出中国城市快速的现代化过程已经改变了城市家庭传统的家

---

① 郭志刚等研究的目的是探讨从妻居户的比例,从6种居住类型来间接推断从妻居婚姻的可能性。这6种类型分别是:(1)户主为男性,户主有岳父母而无父母;(2)户主为男性,户内同时有岳父母和父母;(3)户主为有配偶女性,且丈夫同住本户,户内有父母而无公婆;(4)户主为有配偶女性,且丈夫同住本户,户内同时有公婆和父母;(5)户主在上辈,户内有女婿而无儿子;(6)户主在上辈,户内同时有女婿和儿子。由于抽样数据反映的信息只是家庭的现状,无法判断到底是不是因为婚姻关系而同住。研究者也表示只能通过数据间接判断婚姻状况。但是从数据显示的现状来看,每一种类型都可以直接显示出女方父母与女儿或者女婿同住的情况。

庭观念。城市中女性社会经济地位的迅速提高不仅增强了女性参与家庭事务的主观意愿，而且赋予女性赡养父母的经济能力，所以城市中性别角色的转换会比农村更加明显。

第二节 传统性别制度下女性在养老中的角色

传统性别制度以父系父居父权为基础，建构了子女孝道与女子服从男性的重要伦理准则，从而形成了系统的以男性为中心的家庭制度体系。与之相适应形成了一套伦理文化规范，对男女的行为规范有明确的要求。在婚嫁制度、婚后从夫居制度的共同安排下，女儿在名义上和现实中都被排除在家庭养老体系之外。来自 19 世纪至 20 世纪初中国社会的人类学调查证据显示，绝大多数中国老人同一个或几个已婚子女生活在一起，儿子、儿媳及孙辈在可以承受的范围内为老人提供经济、精神和情感的支持，女儿们提供同样的支持直至出嫁，此后她们的主要赡养义务就转向丈夫的父母（怀默霆，2001）。从这个描述可以看出女性赡养责任的转移是伴随着婚姻制度和婚后居住制度而来的，并且女性的角色都是附属的或是不重要的。

一、作为女儿对父母的赡养

外婚制是中国的一项基本婚姻制度，在农村普遍实行外婚制，女子在出生的村落生活到成年之后就通过婚姻的过渡仪式离开出生的村落，进入丈夫的村落。未嫁之前就是女儿的"从父时期"。妇女在自己出生的家庭是"作为陌生人的女儿"被排除在家庭的很多仪式之外。农民对未婚亡故妇女的牌位或香灰的一系列异于男性的处置方式表明了女儿的外来人身份和位置，这显示了婚前妇女不能在家族谱系中占有正式的位置，也被排除在一些家族仪式之外（李霞，2002）。李银河（2009）调查发现传统制度下，从小时候开始女孩和男孩就受到区别对待，在父母的爱、教育、医疗、继承权等方面拥有巨大差别。女儿是被当作外人对待的，因此她的生活都是在未来婆家的预期下展开的。对父母家庭和家族来说，女儿被排除在一系列权利义务之外，包括对父母的赡养义务。因此，作为女儿不承担未来父母老年的赡养。

女儿的赡养只体现在未嫁之前，对父母的照顾和支持，一旦出嫁，这种照料行为就会被终止，居住安排上的疏远也使得这种支持不具备现实可能性。女儿出嫁之后，女儿对父母的礼节性探望不再属于赡养的范畴，不论这种联系是亲近还是疏远，女儿与父母的关系与儿子同父母的关系具有本质的不同，前者是亲戚关系，而后者是一家人的关系；前者是外部关系，而后者是内部关系（李银河，2009）。因此，作为女儿，她并不具有赡养年老父母的责任，与娘家的联系更多是礼节性的。

二、作为媳妇对公婆的赡养

女孩和男孩在家族谱系中的位置和资格不同。女孩被排除在家族谱系和仪式之外，其整个生活都是在未来婆家的预期下展开的。传统性别制度下女性通过婚姻关系获得丈夫家的正式成员资源，归属于夫家，依附于丈夫并对公婆履行赡养义务。因此在提到家庭养老时一般较少提及儿媳的赡养，一般是儿子儿媳一起提及，或者不提及儿媳赡养，女性作为媳妇赡养的身份往往是隐藏在儿子身后的。

当前在儿子养老的过程中出现的代际关系问题以及儿子对父母的不孝顺等问题，似乎与儿媳具有重要的关联。如家庭中夫妻关系的重要性增加，家庭情感功能的增强，家庭中夫妻主轴取代了父子主轴，老年父母处于弱势地位，进而养老面临危机。此外，媳妇与公婆的情感建构不强也会成为儿子养老问题的原因之一。在家庭中妇女地位提高与男性婚姻挤压的社会现实中，媳妇成为影响家庭养老的重要力量。

因此，作为媳妇，女性对公婆的赡养是依附于儿子的责任，当前儿子养老出现问题的一个重要原因是媳妇养老观念的变化，媳妇对公婆的赡养有弱化趋势。

第三节　现代社会中家庭养老的本质需求

探讨家庭养老的本质需求应该从当事人即老年人的需求和意愿出发，老年人是养老的核心，一切养老行为最终都会作用于老年人身上。因此，本部分将以老年人的养老意愿和需求为基点来探讨现代家庭养老的本质。

一、老年人的养老需求

养老内容主要围绕三个方面展开：经济支持、生活照料和情感慰藉。现有对家庭养老中的子女赡养行为的内在机制主要围绕两个基本维度展开，一是以资源交换作为切入点，强调父母与子女作为理性人在代际互动中呈现出的交换理性，形成了经济交换说、社会交换说和投资-赡养说等观点。二是从文化价值观进行切入，强调中国文化的特殊性，形成了反馈模式、责任内化和血亲价值说等观点(狄金华等,2014b)。不论是交换理论还是文化价值理论,子女为老人提供养老支持应当围绕老年人的养老需求展开,满足老人的养老需求,保障老年生活的质量。

(一)老年人的经济供养需求

在子女对父母的老年经济供养方面,桂世勋等(1995)提出了老年经济供给"填补"理论,即子女的净经济供给总金额刚好"填补"了老年父母维持正常生活所需的金额与各种非子女供给金额之间的"缺口",不是说老人的子女数量越多获得的经济支持越多。这个理论的前提是子女愿意填补缺口并且老年父母也不愿意为子女带来太多负担。郭志刚等(1996)认为老年经济供给"填补"理论存在局限性,并认为子女数对老人的家庭供养具有显著的影响。陈卫和杜夏(2002)对高龄老人的调查数据进行分析也发现子女数量和性别对养老方式具有重要影响,高龄老人在户居方式和经济供养上主要依赖儿子,但在生活照料上对女儿的依赖更多,女儿对高龄老人的生活质量和健康状况都有积极影响。

老人的经济供养需求与老年人的经济状况密切相关,我国老年人的经济来源存在较大的城乡差异和性别差异。城市中老人主要靠离退休金获得经济来源,而农村老人主要依靠子女或其他亲属供给和自己的劳动收入。贾云竹(2001)对北京市老年人的经济状况进行分析,城市中82.0%的老年人的主要经济来源是离退休金,农村这一比例是26.1%;城市中13.0%的老年人主要靠配偶及子女提供经济来源,农村有50.9%主要靠配偶及子女提供经济来源。杜鹏、武超(2006)等研究发现1994年和2004年相比,中国老年人的自身经济能力已经增强,对家庭成员的经济供养依赖度下降。城市中73.6%的男性老人和47.9%的女性老人主要靠离退休金,其次是14.3%和42%的男性和女性老人靠子女或亲属供给;农村中46.2%的男性老人和72.7%的女性老人主要依靠子女和其他亲属供给,其次是40.1%和21.1%的男性和女性老人通过自己劳动获得经济来源。2000年,北京市老年人主要经济来源是离退休金的比例为62.9%,2005年这一比例上升为69.3%,主要来源是家庭成员供养的比例从2000年的26.4%下降为2005年的23.4%,依靠自己劳动收入的比例也从8.9%下降到4.7%(老年人收入与健康支出状况研究课题组,2008)。从2005年到2010年,我国老年人主要生活来源上性别的差异变得越来越小,城市女性老人变得更加独立,农村老人更加自立(王红丽、丁金宏,2013)。通过表3-1看到,相比2005年,2010年城乡老人依靠家庭成员提供经济来源的比例都出现下降，城市老年人通过离退休金获得经济来源的比例增加，而农村老人通过自己劳动收入获得主要经济来源的比例明显上升，特别是农村男性老人，一半以上的农村男性老人主要靠自己劳动获得经济来源。

通过老年人主要经济来源构成的变化，可以看到城乡老年人对子女的经济依赖度在逐渐降低，城市中随着社会养老保障制度的完善，绝大部分老年人不再依赖家庭成员提供经济支持，经济独立性较高；而农村中依靠家庭成员提供经济供养的比例在减少，但性别差异明显，接近60%的女性老人要依靠家庭成员供养，近年来这一比例有下降趋势。农村依靠自己劳动收入获得经济来源的比例不断增加。

随着农村新型农村社会保险的推广与普及，新农保对农村家庭的养老产生影响，新农保提高了参保老人的经济独立性，不仅降低了老人在经济来源上对子女的依赖，同时也对子女的照料依赖降低，反而在社会正式照料的需求上有所增加(程令国、张晔等，2013)。

表3-1　　2005年和2010年城乡分性别的老年人主要经济来源构成(%)

年份	地区	城市		镇		农村	
	性别	男	女	男	女	男	女
2010	劳动收入	9.7	3.8	29.2	15.7	50.5	32.1
	离退休金	74.2	59.0	35.2	17.9	7.2	2.1
	家庭成员供养	12.1	32.0	28.7	59.4	35.1	59.9
	其他	4.0	5.2	6.9	7.0	7.2	5.9
2005	劳动收入	13.3	5.2	27.6	12.7	48.6	27.7
	离退休金	68.2	47.2	36.7	13.2	8.1	1.3
	家庭成员供养	15.3	42.8	30.4	68.7	39.3	68.3
	其他	3.2	4.8	5.3	5.4	4.0	2.7

数据来源：2005年的数据来源于2005年1%人口抽样调查的15%数据，2010年的数据为国家统计局公开的《中国2010年人口普查资料(电子版)》中的相关数据。引自王红丽，丁志宏.我国老年人主要经济生活来源的变迁分析——基于性别的视角[J].兰州学刊，2013(1)：129-138.

(二)老年人的生活照料需求

自古以来我国老年照料的问题一般都是家庭内部由家庭成员特别是配偶和

子女来提供。随着家庭变迁、家庭结构简单化小型化、空巢家庭增加等，家庭在老年照料方面出现困难，在当前我国老年照料服务体系尚未健全的情况下，老年人群体，特别是农村老人的照料基本还是要依赖家庭成员。

老人的照料需求与老人的身体健康状况密切关联。一般来说，年龄越大生活不能自理的老年人更加需要子女的生活照料。而具有自理能力、能够劳动的老年人一般不会需要子女的生活照料。实际上许多农村老年人只要能自理能劳动，一般都会靠自己获得生活资料，老年父母，特别是父亲会尽可能参加农耕及其他有收入的劳动来减少子代的赡养负担，多数老年人并不想给子代照料带来太大压力（王跃生，2012）。

随着社会经济和医疗卫生事业的发展，中国人口的预期寿命不断提高，1990年平均预期寿命是68.55岁，2000年平均预期寿命为71.4岁，2005年为72.1岁（刘生龙，胡鞍钢等，2012）。2010年我国人口平均预期寿命为73.65岁（舒星宇，温勇等，2014）。但是预期寿命的增加并没有带来生活自理预期寿命的增加。2004年中国男性老人平均有1.5年生活不能自理，女性老人平均为2.5年，随着年龄增长，中国老年人的生活自理预期寿命占余寿的比重不断下降。从1994到2004年，中国老年人的预期寿命和生活自理预期寿命都有所增长，而且生活自理预期寿命在余寿中的比重下降了，平均而言，老年人健康状况的改善程度低于寿命的延长（杜鹏，李强，2006）。这项研究表明老年人在晚年时期需要照料的时间延长了。

老年家庭的照料需求成本也出现上涨趋势。据预测我国21世纪上半叶残障老人家庭照料成本总额占GDP百分比增速很快，到2030年和2050年，每位劳动者负担的老年家庭照料现金支出分别至少等于2000年的3.0~4.1倍与6.8~12.6倍（曾毅，陈华帅等，2012）。我国家庭面临着沉重的老年照料压力，不论是现金成本还是非现金成本，都会给家庭带来负担。

由于我国城乡二元体制，城市中社会养老保障制度相对健全，社会养老服务结构相对完善，因此城市家庭在条件允许的情况下可以购买社会养老服务以缓解家庭老年照料的压力，而农村地区由于社会养老保障和服务缺位严重，老年照料的负担基本由农村家庭自行承担，农村家庭主要通过家庭成员来建立老年照料体系。

石人炳（2012）根据照料主体的不同，将老年照料分为亲情模式、友情模式、志愿者模式、市场模式和福利模式。石人炳的调查研究指出当前农村老年照料问题越来越严重，照料模式单一、部分老年人的照料需求得不到满足。出现这一问题的主要原因是亲情模式不断弱化，而福利模式等其他模式没有及时跟进和补充老年照料需求。随着年龄增长，老年人得到配偶的照料比例急剧下降，而人口流动使得子女对老年父母照料的空间距离增加，作为传统家庭主要照料者的女性也在劳动就业率不断提供的情况下无法完全承担老年父母的照料，多种因素使得老年人的生活照料陷入困境，主要是那些生活不能自理的老年人面临更大的晚年照料风险。在家庭提供支持能力下降的局势下，实现从"家庭支持"到"支持家庭"的转变意义重大（石人炳、宋涛，2013）。

随着家庭的变迁，农村社会中传统的提供老年照料支持的家庭和亲属网络的作用和能力不断下降，农村老年父母急需其他照料资源来缓解老年生活危机。其中以往被排除在外的女儿成为家庭照料的一个可选择资源。家庭对社会化照料服务的需求有所增加，但是社会养老服务机构和福利机构的普及率不高，以及老年人受传统观念的影响，他们更希望能够在家庭实现老年的照料，家庭老年照料的需求仍然是刚性的。

（三）老年人的情感慰藉需求

老年人的情感慰藉一般指由子女提供的感情联系。在中国传统的文化观念中，"多子多福""天伦之乐"便是对这种情感慰藉的要求。情感慰藉关系老年的心理健康问题，一般来说能够得到子女情感慰藉的老年人的心理会更加健康和乐观。现代社会，随着人口流动、家庭结构的变迁与家庭关系的变动，老年人在家庭的地位明显下降，他们情感慰藉的获得成为问题。

情感慰藉是实现老年心理健康的途径，而老年人的心理健康是"健康老龄化"的必然要求，也是衡量老年人生活质量的重要标准。心理健康指心理活动和心理状态的健康，对于调适情绪、应对外界压力、适应适合变化、协调人际关系、预防身心疾病等都有重要意义（张秋霞，2004）。在我国老龄化、高龄化不断加剧的趋势下，高龄老人是非常脆弱的群体，需要家庭和社会的关爱。一项有关高龄老人的心态调查研究表明，在积极心态中，75.9%的老人喜欢干净整洁，70.2%的老人遇到事情想得开，53.9%的老人能够自己说了算，43.8%的老人认为自己和年轻时一样快活；在负面心态中，34.3%的老人觉得越老越不中用，25.4%的老人感到紧张害怕和孤独（徐勤，2001）。老人的情感脆弱性需要家人和亲属的关怀，特别是子女的关心尤为重要。在反馈模式中，下一代对上一代的反馈就包含情感的反馈。

情感慰藉与老年人的居住安排具有密切关联。与家庭成员同住的老年人通过日常的互动与家人建立情感联系，获得情感慰藉；而不同住家人特别是子女则主要通过电话、书信等联系提供情感慰藉。任强等（2014）发现居住安排与老人的情感健康具有相关关系，与配偶一起单独生活的老年人幸福感最强，生活在三代同堂家庭的老年夫妇与独立生活的老年夫妇有同样程度的幸福感，但二代家庭包括老人与成年子女或老人与孙子女的家庭居住类型会损害老人的情感健康。研究还发现女儿给老年人带来的情感效用，老年女性最愿意与已婚女儿同住，最不愿意与未婚儿子或与留守儿媳同住。因为老年女性与亲生女儿相处较好，但与儿媳相处困难，尤其是儿子不在家时婆媳关系更加紧张。

从子女提供情感慰藉的差异来看，由于女性自身的特质，女性更加细心和体贴，因此女儿为老年父母提供情感慰藉会产生较好的效用，而男性则相反，儿媳则由于与公婆的感情联系不够紧密往往无法满足老年人的情感慰藉需求。

在老年照料的内容中，情感慰藉是在家庭养老方式之外其他任何方式的养老所无法提供的，因此，子女是承担老年情感慰藉的主要提供者，具有无法替代的责任。

二、老年人的养老意愿

养老意愿指老年人对养老方式的选择，包括自己养老、子女养老和社会化养老等。随着我国社会变迁和家庭的变动，人们的养老观念发生了较大变化，传统的养儿防老观念逐渐弱化。从总体上来看，老年人希望依靠子女养老的意愿逐渐减弱，而靠自己劳动和储蓄养老的意愿增强，对社会化养老服务如社会养老保险具有较高的认可度，对机构养老也有一定的接纳度。

农村老年人养老意愿存在地区差异，经济欠发达地区的老年人往往比经济较发达地区的老年人的观念更为传统，依靠子女养老的观念相对较强（李建新，于学军等，2004）。这主要是因为社会养老保障体系的建立和完善程度不同，对人们产生的影响也不同。

城市老年人在养老方式选择上主动性更强。2006 年北京市老年人养老意愿选择中，46.3% 的老年人愿意参加和购买养老保险，33.1% 的老年人选择自己储蓄养老，20.6% 的老年人希望靠子女提供养老保障（老年人收入与健康支出状况研究课题组，2008）。由于城市老年人享受离退休金的比例相对较高，他们的经济来源有保障，经济的独立性有利于提高老年人养老方式选择的主动性。城市老年人在养老方式选择上主要根据自身心理感受，而不是出于客观身体条件和家庭环境的限制，但是市场对老年人养老方式的影响还比较微弱，传统观念影响较深，大部分老年人依然倾向于家庭养老，经济有保障并且子女孝顺的情况下更愿意家庭养老(陶涛、从聪，2014)，还有部分老年人主动选择居家养老和机构养老。

人们对养老机构养老存在消极的认识，往往与子女不孝联系起来，因此，大部分老年人还是希望能够在家养老，居家养老成为接受度较高的养老方式，需要更加多样化的服务来满足老年人的养老需求。农村地区老年人希望居家养老的意愿占主流，但是有相当一部分老年人对机构养老抱有期待，而传统的孝道观念对机构养老的意愿产生阻碍作用，另外慢性病带来的医疗需求是影响老年人选择机构养老的一个重要因素，老年人希望通过机构养老来获得有效的医疗保障，子女提供的"养"也不会对老年人入住养老院产生影响(左冬梅、李树苗等，2011)。

在老年人选择养老方式的影响因素中，年龄、身体状况、经济状况和子女孝顺是最主要的因素。一般来看，身体状况较好、具有经济保障的老年人更希望在家里养老，他们能够在自己熟悉的环境获得老年的独立和自立。一旦老年人的身体状况变差特别是自理能力降低，独立养老变得不可能时，子女的态度就变得重要，如果子女能够提供较好的老年照料，那么家庭养老也是老年人的首选。当这些因素变化时，老年人可能会改变养老方式的选择意愿。

随着我国家庭结构的简单化，家庭在老年赡养上的能力和作用都大大减弱，人们的养老观念处于变迁之中，对社会化养老的接纳度逐渐提高，今后对社会养老方式的需求将变得更加紧迫。

第四节　现代家庭对女儿参与养老的迫切需要

快速的人口老龄化给家庭和社会带来了沉重的负担，在当前我国社会养老保障制度和社会化养老功能不健全的形势下，家庭养老的负担也越来越重，家庭养老主要就是子女在提供养老支持。而由于计划生育政策的限制生育，家庭子女数量骤然减少。我国当今的中高龄老人基本出生于 20 世纪三四十年代，他们平均有 5~6 个子女，然而，在 20 世纪五六十年代生育高峰期出生的人群，在 2015 年左右大批步入老年阶段，而他们平均不到 2 个子女，伴随着社会变迁和人口流动，大量的家庭中老人独居，空巢家庭有较大比例。家庭养老面临困难和危机，养老责任被赋予有限的子女，包括传统规范中负有养老责任的儿子和不被赋予赡养父母责任的女儿。

一、庞大的独生子女群体家庭

儿子和女儿养老的性别差异普遍存在于社会中，是已经存在的一种社会现象。随着计划生育政策带来的家庭少子化，出现了大量独生子女家庭和有女无儿的家庭，这些家庭父母老年的赡养必然要依赖女儿。

中国的独生子女数量庞大，并且有持续增加的趋势，这部分家庭，特别是独女户家庭的老年人养老必然落在独生女儿的肩上。一些研究测算出独生子女的数量比例。杨书章、郭震威（2000）估算出 1997 年末我国累积独生子女达到 8000 多万，其中农村地区约有 3200 万，城市地区约 5600 万。郭志刚（2001）利用 1990 年人口原始普查数据对独生子女的信息进行估计，认为杨书章等人的估计值高出 5~6 个百分点，但是差距并不是非常大，独生子女总量依然是一个庞大的数字。宋健（2006）利用 2000 年第五次人口普查原始数据测算出农村独生子女数量在 3300 万至 4300 万。2000 年活产且存活子女数为 1 个男孩的 15~50 岁妇女人数是 6834 万人，只有 1 个女孩的是 5032 万人。王广州（2009）以 1990 年人口普查和 2005 年 1% 人口抽样原始数据为基础，估计了独生子女总量结构，0~18 岁独生子女总量在 1.1 亿人左右，2020 年前保持在 1.1 亿~1.2 亿人。60 岁以下独生子女母亲总量在 1.3 亿人左右，2020 年 60 岁以下独生子女母亲总量将达到 1.5 亿左右。由于统计口径的差异，预测的结果存在差异，但是独生子女以及计划生育双女户作为庞大的群体出现并且有增长的趋势。

庞大的独生子女群体父母老年的赡养要有独生儿子或女儿承担，这对家庭养老是沉重的负担。郭震威、郭志刚等（2005）预测了 2003—2050 年的计划生育老年夫妇数量。2003 年进入老年的实行计划生育的夫妇有 152 万人，此后迅速增长，到 2017 年、2025 年、2034 年分别突破 1000 万、2000 万、3000 万和 4000 万人，到 21 世纪 40 年代达到峰值 4800 万人。2015 年独生子女户的老年父母约 482 万，双女户老年父母约 330 万。这 812 万的老年父母中的大部分要由女儿来承担养老。

从全国 30 岁以下无兄弟姐妹的人口数量来看，20~30 岁人口有 3144.74 万人，其中农业人口有 1360.87 万人，非农业人口为 1783.87 万人。20~30 岁人群的父母基本已经度过生育期，在全面二孩的政策放开之后，这部分群体获得兄弟姐妹的可能性非常小，因此，他们父母老年的赡养必然由他们来承担（见表 3-2）。

表 3-2　　　　　　全国 30 岁以下无兄弟姐妹人口总量结构(万人)

	农业	非农业	合计
0~4 岁	2698.42	1111.19	3809.61
5~9 岁	2178.99	1302.13	3481.12
10~14 岁	1800.17	1291.21	3091.38
15~19 岁	1041.27	1209.05	2250.32
20~24 岁	568.04	950.33	1518.37
25~29 岁	599.88	678.07	1277.95
30 岁	192.95	155.47	348.42

数据来源：根据 2005 年 1%抽样调查数据的 2%。样本原始数据推算。引自王广州. 中国独生子女总量结构及未来发展趋势估计[J]. 人口研究，2009(1)：10-17.

二、与女儿同住的老年群体

由于我国传统的外婚制和婚后从夫居制的长期存在，大部分老年父母会与儿子儿媳共同居住以获得老年的赡养。从全国抽样调查数据的分析可以看出老年人靠儿子和儿媳赡养的比例仍然较高，靠女儿赡养的情况存在一定比例。当前中国不分城乡的老年人与儿子儿媳同住仍然是最主要的居住安排类型之一，男性老人与儿子儿媳同住的比例是 59.2%，女性老人与儿子儿媳同住的比例则达到 62.9%。另外分别有 17.0%和 16.1%的男性老人和女性老人与未婚儿子同住。与女儿同住的类型中，与已婚女儿女婿同住的男性老人有 5.7%，女性老人有 6.7%；与未婚女儿同住的男性老人、女性老人的比例分别是 7.3%和 5.8%。另外还有 3.2%和 2.2%的男性老人和女性老人与儿子女儿及其配偶同住，这种情况下儿子或女儿其中至少有一人已婚，但无法判断是儿子还是女儿已婚。总体上来看，全国分别有 6%左右的男性老人和女性老人已经得到女儿的赡养，还有 7%以上的男性老人和 6%左右的女性老人与未婚女儿同住，这一部分群体将来很可能需要女儿的赡养。因此，全国大概有 13%的男性老人和 12.5%的女性老人需要女儿来养老(见表 3-3)。

表 3-3　　　　　　中国老年人与成年子女同住比例分布(％)

	男性老人	女性老人
只与未婚儿子同住	17.0	16.1
与儿子和儿媳同住	59.2	62.9
只与未婚女儿同住	7.3	5.8
与女儿和女婿同住	5.7	6.7
与儿子、女儿及其配偶同住	3.2	2.2
与儿媳同住	5.7	5.6
合计	100.0	99.9
样本量	1639	1802

数据来源：2010 年中国家庭追踪调查基线数据，引自任强，唐启明.中国老年人的居住安排与情感健康研究[J].中国人口科学，2014(4)：82-92.

三、农村的纯女户

受传统的"养儿防老，积谷防饥"的观念影响，农村地区在不同程度上存在生育男孩的偏好，因此农村家庭中有儿子的家庭占据主导，但是一些家庭由于生理等不可控因素而不可避免地出现没有男孩的家庭。在计划生育政策执行后，部分农村地区实行"一孩半"政策，即第一胎生育女儿的家庭可以在间隔期后再生育一胎。由此双女户家庭开始增加，另外还有一些家庭主动放弃生育指标，生育一女之后就不愿意再生育。据统计，1990 年 40~64 岁妇女(2016年在 66~90 岁)中有女无儿户在 4%~8%。也就是说当前有 4%~8%的老年妇女的老年赡养必须依赖女儿，包括纯女户和独女户。这一比例占总比例的很小部分，但是总量却是巨大的(见表 3-4)。

表 3-4　　　　　　1990 年全国农村妇女存活子女构成(％)

	有儿有女	有儿无女	有女无儿	无儿无女
40~44 岁	76.72	15.19	7.17	0.92
45~49 岁	83.86	10.24	4.71	1.19
50~54 岁	86.28	8.23	3.93	1.56

续表

	有儿有女	有儿无女	有女无儿	无儿无女
55~59 岁	85.91	7.77	4.12	2.19
60~64 岁	81.36	9.58	5.43	3.64

资料来源：王跃生. 农村老年人口生存方式分析——一个"宏观"与"微观"相结合的视角[J]. 中国人口科学，2009(1).

四、城市的独生子女数量

城市的独生子女数量比农村更加庞大，因此城市中子女养老的压力更大。2000 年以来，国内学者针对独生子女的研究逐渐展开。米峙(2007)对 2000 年北京市调查的数据研究发现，35.6%的老人有 1 个女儿，25.7%的老人有 2 个女儿，13.7%的老人有 3 个女儿。风笑天(2009)利用 2008 年五城市独生子女父母调查数据研究发现，已婚独生子女父母空巢的比例是 56.4%，与子女同住的主干家庭比例是 35.8%。宋健(2011)通过 2009 年在北京等四城市调查发现，双独夫妇婚后更倾向于与父母分开居住。在居住安排上，农村地区与女儿同住的低龄老人和高龄老人分别为 14.8%和 11.3%，而城镇地区的相应值为 20.4%和 23.3%，表明与女儿同住的城镇老人多于农村地区，因为城镇性别偏好的观念较农村薄弱，而且女儿比儿子更可能提供更好的照料(曾毅、王正联，2004)。

2015 年年底全面二孩政策放开，计划生育政策的重大调整和完善对家庭产生重大影响。现有部分独生子女可能会改变独生属性，转向非独生子女。但是年龄较大的独生子女父母生育二孩的可能性较小，如上述 20~30 岁的独生子女。从整体上来看，我国独生子女规模仍将持续扩大。到 2050 年总规模将达到 30322 万人，比实行独生子女政策时将减少 4527 万人，独生子女绝对规模随着二孩政策的实施增长速度减缓，到 2030 年比重上升到 18.2%，到 2050 年达到 21.1%，届时，全国 1/5 的人口是独生子女(姚引妹、李芬等，2015)，截至 2013 年年底，城镇的独生子女规模达到 15065 万人，占独生子女比重的 69%，农村约 6754 万人，占 31%。目前独生子女以 40 岁以下年轻人为主，到 2040 年后，40 岁及以上的群体将成为独生子女的主体，他们的父母年龄基本步入中高老龄期，因此独生子女父母的养老问题面临着严峻考验，独生家庭的儿子和女儿成为家庭养老的主力是必然趋势。

第四章　角色地位重置与制度约束型女儿养老

传统父权制规范中女儿被排除在一系列的家庭权利和义务之外，没有赡养父母的责任，儿子是唯一的家庭养老资源。随着家庭规模小型化和生育数量的限制，家庭的子女数量大幅减少，并且产生了大量的纯女户和独生女家庭。在传统父权制文化深刻影响的农村社会，他们的家庭养老面临许多困难。女儿的婚后居住制度是导致父母赡养的子女资源缺失的关键因素。婚后从夫居制下女儿不具备赡养自己父母的正式身份，也缺乏实施养老的现实基础。因此，改变婚居模式以及与其相应的婚姻制度的安排，是女儿养老实现的制度基础。

一些农村地区通过变革婚姻制度，确立了女儿在父母赡养中的正式身份和地位，女儿以正式身份介入父母的赡养。婚姻制度安排的变化带来了家庭关系和家庭成员地位的变化，女儿从养老的边缘地位走向中心地位。从招婿婚姻制度下以女儿替代儿子的养老角色，到"两头走"婚姻制度下男女平等担负父母的养老责任，农村家庭实现了男女平等的养老角色。

本章主要分析招婿婚姻制度以及"两头走"婚姻制度对农村家庭的影响以及女儿养老的实现机制。女儿养老作用的凸显进一步影响到农村居民的性别偏好和生育观念，促进男女平等意识的发展，有助于建立现代的性别制度。

第一节　招婿婚姻制度下女儿养老

招婿婚姻制度是自古就有的婚嫁形式，它始终作为对主流的娶媳婚姻的一种补充而存在。招婿婚姻的历史久远，据考证，史书中对赘婿的最早记载见于"淳于髡者，齐之赘婿也"（《史记》），在商鞅变法后的秦国"家富子壮则出分，家贫子壮则出赘"。宋代大约有1/3的妇女是没有兄弟的女子，因此对赘婿的需求很大。历代统治者均对赘婿采取歧视政策，秦始皇和汉武帝均曾发赘婿戍边，把他们与囚徒同等对待（高永平，2007）。尽管受到歧视待遇，但是赘婿一直存在以满足家庭的实际需要。当代社会中，一些农村地区的招婿婚姻性质发生变化，它不再是歧视性的婚嫁形式，而是受到认可的婚嫁形式，与娶女婚姻并行于村庄社会中，对社会性别平等具有重要的推动作用。

农村女儿在赡养老人方面扮演着重要角色，具有与儿子一样的正式身份。招婿婚姻是确立女儿养老正式身份的仪式过程，是实现女儿家庭养老功能的重要手段。通过招婿婚姻建立的家庭形成以女儿为中心的家庭权力结构，代际关系实现了相对均衡，村庄中建构起女儿养老的强大伦理。

一、招婿女儿的养老现状

本节利用 2011 年"湖北省老年人生活状况问卷调查"的数据资料①，将其中招婿女儿和娶媳儿子的养老支持情况进行比较分析。这次调查采用抽样调查的形式，获得总样本 972 个。所调研的湖北 8 个县市中，由于各地的村庄情况不同，招婿婚姻的实行情况也不一样，一些地区较少招婿婚姻，而一些地区流行度较高。总体上来看传统的娶媳婚姻占主导，儿子娶媳妇的样本有 914 个，女儿招婿的样本共 58 个。

（一）经济支持

从农村社会总体情况来看，老年人主要的生活来源构成主要集中在两个方面，即本人的收入（自我储蓄和劳动所得等）和子女的支持。从调查结果来看（见表4-1），两种婚姻形式下老人的生活来源主要都是子女的支持和自己劳动所得，家庭对老人的经济支持有限，而且老人自主性较强，只要老人可以劳动就会自己劳动，不愿意给子女添麻烦。而来自其他的生活支持是较少的一部分，包括退休金、养老金等，目前国家对农村养老金的投放可以为老人带来一些福利，但是农村的养老依然是家庭养老为主，国家和社会养老仍然占很小的一部分。在子女支持中，我们对比两种不同的婚姻形式，女儿招婿养老的情况下子女支持占 48.3%，高于儿子养老的 39.1%。

---

① "湖北省老年人生活状况问卷调查"是由华中科技大学中国乡村治理研究中心 2011 年在湖北钟祥、恩施、鄂州、孝感、黄梅、沙洋、罗田、公安等县市调研收集的问卷资料。

表 4-1 　　　　婚姻形式与农村老年人主要生活来源状况分布(%)

	娶媳婚姻	招婿婚姻
退休金	7. 2	5. 2
配偶	1. 8	5. 2
子女支持	39. 1	48. 3
自己劳动	49. 3	34. 5
其他	2. 5	6. 9

(二)生活照料

本次调查中关于农村老年人生病时能否及时治疗,主要的帮助者以及帮助者的态度如表 4-2 所示。结果显示在女儿养老的情况下,老人生重病可以得到及时治疗的高达 98.2%,而儿子养老中还有相当一部分的老人(占 11.3%)生重病得不到治疗。一般情况下老年人的身体情况可以分为完全自理、半自理和完全不能自理三种情况。在完全自理和半自理情况下,老人一般不会向子女寻求帮助,不愿意给子女添麻烦,只是在完全不能自理时才会要子女来养。在表 4-2 中我们看到儿子养老时有 10.6% 的老人在需要照顾时没有人帮助,而女儿养老则不会发生这种情况,老人都可以得到帮助和照顾。另外从主要照顾者的态度来看,女儿养老情况下愿意的占 90.0%,明显高于儿子养老情况下的 67.5%。

表 4-2 　　　　　　婚姻形式与老人照料情况(%)

	娶媳婚姻	招婿婚姻
生重病能否到医院治疗		
能	88. 7	98. 2
不能	11. 3	1. 8
谁是主要帮助者		
配偶	36. 5	54. 5
儿子	34. 7	18. 2
儿媳	3. 5	—
女儿	11. 8	18. 2

	娶媳婚姻	招婿婚姻
女婿	—	9.1
儿子和女儿	0.6	—
孙子女	1.2	—
其他亲戚朋友	1.2	—
无人帮助	10.6	—
生病照顾者的态度		
愿意	67.5	90.0
不愿意	32.5	10.0

(三)精神慰藉

生活质量是客观物质条件和主观幸福感受的统一,对于老年人来说,物质条件比较重要,但个人主观感受更为重要。老年人在获得基本的物质生活保障后,会在情感方面有更多的需求,这很大程度上就是老年人对亲情和享受天伦之乐的需求。下面主要从老年人的心理状况和与子女的日常联系方面分析不同婚姻形式的老人的精神赡养情况。本次调查中关于老年人幸福感和是否担心子女不孝的结果如表4-3所示。女儿养老的老人感到比较幸福的占大多数,有51.7%,高于儿子养老的情况。老人感到不幸福的比例中女儿养老的为13.8%,低于儿子养老的18.4%。另外在是否担心子女不孝的调查中,女儿养老时老人完全没有出现这种担心,而在儿子养老时仍有相当比例的老人会担心子女不孝,这是从老年人本身的心理感受来看的。从日常的子女与老人的联系情况来看(见表4-3),我们可以看到女儿养老的情况下老人与子女的联系情况集中在每天联系和一周数次,分别是33.9%和26.8%,而儿子养老的情况下一周数次和一月一次的比重较高,分别是25.3%和24.9%。儿子养老时还有高达17.0%的比例是老人和子女几乎不联系。

表 4-3　　　　　婚姻形式与农村老年人精神慰藉(%)

	娶媳婚姻	招婿婚姻
主观幸福感		
比较幸福	46.5	51.7
差不多	35.1	34.5
不幸福	18.4	13.8
对子女不孝的担心程度		
很不担心	27.3	77.8
不太担心	41.0	22.2
一般	14.9	—
比较担心	9.3	—
很担心	7.5	—
联系频率		
每天	20.2	33.9
一周数次	25.4	26.8
一周一次	12.5	14.3
一月一次	24.9	17.9
几乎不联系	17.0	7.1

　　通过以上的数据分析,我们可以看到在老人的家庭养老效果方面,女儿养老比儿子养老的老人在日常照料、经济支持以及精神慰藉方面明显要好,这是在具体的实践中对女儿养老效果的客观证明。形成这种状况的原因与本地的婚姻形式密不可分。女儿是通过招婿婚姻的安排拥有了与儿子一样的家庭责任和义务,因而女儿是以正式的被认可的养老身份介入家庭养老的。女儿本身与父母的感情是从小培养起来的,赡养父母不仅仅是义务,更是她们本能的感情流露。那么女儿养老在本地是如何实现的,作用机制又如何,在家庭和社区中又是怎样建构和维系女儿养老行为的?

二、招婿婚姻:女儿养老的基础

　　招婿婚姻不同于传统的"倒插门"婚姻,已成为与"男娶女嫁"形式并存于村庄的婚姻形式。人们对招婿婚姻的歧视色彩已经淡化,并逐渐产生认同。纯女户家庭需要招婿上门，许多有儿子的家庭一样可以招女婿进门，让儿子娶回媳妇，女儿招来女婿，共同留在家里承担养老之责。招婿婚姻是女儿养老的基础与合法性来源，此处要讨论的是在既有的家庭结构中，女儿如何通过招婿婚姻获得养老的资格。

(一)父母之命：养老倒逼婚姻①

养老必须放置在家庭制度之中得到整体性理解。传统的婚姻是不需考虑养老因素在内的，因为既然儿子是嗣子，有传宗接代、继承家产的权利，那么必然也要尽到赡养父母的义务，权利和义务是相对应的，而女儿没有继承权利也就没有赡养义务。纯女户家庭中，养老送终的责任就被寄托在女儿身上，因而这个女儿必定不能出嫁，因为"嫁"就代表了她将脱离自己的家庭而成为其丈夫家庭的成员，必须"出嫁从夫"，自然就不能担负起自己父母赡养的责任。因此"女大当婚"的时候就只能"娶"一个丈夫回来，娶回来的丈夫就成为自己家的人，女儿自然是留在家里负担养老职责了。如果父母预期的女儿没有留下来的话，会得到父母的责备甚至更严重的后果。

通过为女儿招上门女婿这种婚姻形式，父母可以将女儿作为家庭的正式成员，规定女儿的养老义务，将女儿纳入正式的家庭养老责任之中。村庄往往没有传宗接代、延续香火的超越性价值追求，因而养老的策略性需求就是父母考虑的重点。父母不会考虑女儿"吃老米"会打破家族血脉的纯正性，只要自己的晚年有保障，有自己亲生的孩子养老送终就可以了。所以父母对女儿的养老期待和儿子是一样的，女儿不再是依附于家庭的非正式成员，她同样具有工具性价值，有养老义务和家产的继承权，并且这一正式身份通过招婿婚姻形式的选择而确立下来。总而言之，一个家庭是否通过招婿婚姻来养老，取决于父母和子女的意愿，是家庭决策的结果，并不唯一依靠儿子养老。

(二)女儿之责：招婿观念的内化

招婿观念的内化基于女儿养老的责任感以及乡村风俗塑造的合理性。不仅父母对女儿的婚姻是有预期的，女儿自己心里也明白作为女儿的养老职责，她们知道什么样的情况下自己是出嫁还是留家里"吃老米"。招婿上门为父母养老是受到乡村伦理许可的，当家里有多个女儿时，某个女儿婚姻可以自主，但

---

① 养老倒逼婚姻描述的是代际关系与婚姻、养老的关系。可参见王德福. 养老倒逼婚姻：理解当前农村早婚现象的一个视角[J]. 南方人口，2012(2)：37-43.

是并不是所有的女儿都可以自由决定。女儿知道自己的责任，她们明白将来自己肯定要留在家里的，便没有产生反抗情绪，而是顺其自然地留在家里招一个女婿，纯女户家庭中的女儿尤其如此。纯女户家庭中的女儿很清楚自己将来要承担的赡养责任，这种思想已经成为未出嫁女儿内化的认同，也成为大多数女儿的主动选择，与其到别家为丈夫的父母养老，不如留家里赡养自己的父母。这种婚姻形式的普遍化，使得女儿养老更加具有可能性。

（三）上门女婿：竞争性的兄弟关系

一般情况下，选择"嫁"到女方的上门女婿都是来源于多子家庭，兄弟关系具有竞争性，缺乏"长兄如父"伦理观念。有两个及两个以上儿子的家庭在分家之前，如果老大已婚，那么在老二没有结婚前老大不能分出去单过，而是要在原家庭为父母分担抚养弟妹的任务。这个时候已婚的大儿子会劝说弟弟去上门，因为如果弟弟娶媳妇回家，哥哥还要帮着弟弟准备建房、买家具等，这是一笔很大的费用，对家庭造成经济压力。此外，从哥哥的角度看，弟弟如果出去上门，就不需要以后和他分家分财产。在分家分财产这种显在的利益面前，血缘和亲情已经不是兄弟感情维持的力量，兄弟之间主要站在利益的角度来行事，家里的兄弟可以"嫁"出去，而去上门的兄弟自己也没有意见，因为上门对他们来说也是有重大收益的，"是去享福的"，所以有的男子娶了媳妇后生活不如意时，会后悔地说"讨了个媳妇不顺心，早知道还不如去上门呢"！

传统社会中男子作为家中的儿子是要传宗接代、延续香火的，同时他本身已经被社会赋予赡养自己父母的责任和义务，而在招婿制度下，男子可以像"嫁出去的女儿"一样摆脱这些传统社会的要求，不需要赡养自己的父母，不用照顾自己的弟妹，这些责任义务已经随着这种招婿制度变为对女方家的养老扶小，对自己的父母，就像是出嫁的女儿回娘家看望父母一样，上门的男子逢年过节会回家探亲，带点礼品，给点零花钱，不用负主要的赡养责任，也不需要与兄弟分家析产。上门之后家里会有招婿的妇女操心，上门女婿是不用操心的。不管是在既得利益上，还是上门后的家庭生活上，上门的男子获得了很多好处，至于自己家庭的亲情和血脉延续，这些是不用考虑的因素。不论是在主观意愿上还是客观条件上，做上门女婿是男子的一种婚姻选择。

（四）男方父母：不干涉与无权干涉

在以养老的功能性需求为主导的亲子关系中，男方父母是否同意儿子上门取决于自己养老问题的解决。多子家庭中在儿子去做上门女婿这件事情上，父母不会干涉，同时他们也没有权力干涉。父母认为至少有一个子女就可以，孩子成家后父母不会与其分家，父母的养老是有保障的。在多子家庭中，长子成家后老人便不再当家，家中的大权就交给了长子，家中一切大事就听长子安排，反正有一个儿子在家养老，父母对其他儿子的婚姻形式一般没有意见，即使有意见也干涉不了，父母是依附于儿子的，得靠儿子。

一般情况下父母愿意送儿子去上门的一个重要原因是家庭条件的限制，经济条件比较困难，或者不如女方家庭条件，并且这个家庭中有多个子女，一般是有两个或两个以上儿子的家庭，不论一个家庭具体的情况如何，对于男方父母来说，如果儿子愿意去上门的话他们不会干涉，但是家庭中必须保证至少有一个子女留下，不论是儿子还是女儿，只要这一个儿子或者女儿能够保证父母今后的养老。只要养老有了保证，子女的婚姻形式都是可以考虑的，没有不变的传统。

三、招婿婚姻的家庭关系与社会关系建构

通过招婿婚姻建构了以女儿为中心的家庭，在家庭中女儿成为家庭权力的中心，她们获得了家庭养老的正式身份和地位。女儿养老成为越来越受欢迎的一种养老安排——从一种次优的养老安排到一种为人们所期待的养老安排，女儿养老渐渐地走上了中心位置。

招婿婚姻中女娶男颠倒了本来的嫁娶关系，妇女担任着丈夫的角色"娶"了男子，而男子是"嫁"给了女子，因此在婚姻中妻子是"夫"的角色，而丈夫是"妻"的角色。由于男女本身的生理差异，妻子和丈夫又是不同的。因此招婿婚姻中男女的生理性别和社会性别是混淆的，界限是模糊的，基于此的夫妻权力关系也发生逆转。

招婿婚姻家庭中代际关系的相对平衡遵循着传统娶女婚姻家庭中代际关系不平衡的逻辑。女儿在家庭中占据主导地位，不再依附于丈夫，相反是女婿依附于女儿。招婿婚姻的制度规定，女儿具有赡养父母的责任，女婿上门来也是要赡养女家父母的，养老的责任是明确的。此外，从情感的建构来看，女儿和父母本身就保持着天然的联系，她的情感和养老资源只能集中于自己的父母。虽然作为外来者的女婿与女家父母的情感建构不深，但是由于此项婚姻制度明确的责任规定，他已经脱离于原来的家庭而必须肩负女家父母的养老责任。此时家庭的养老资源只是对女家的父母，不涉及男家的父母。老人的处境明显好于儿子养老的家庭，农村的老人常说"女儿不会剥削老人，女婿也是上门孝顺老人的，都会顺着老人"。父母对女儿养老的期望增加了。

传统的婚姻选择，都是不需考虑养老因素在内的，既然是娶进来、留下来，就必然负担养老。招婿婚姻的流行虽然改变了传统的男女嫁娶角色，实际上，婚姻中的两方仍然是遵循着传统的嫁娶模式的本质。"女娶男嫁"，女儿是留下来养老的，女婿是招进来的，制度上要求他们本来就是来养老的。而通过招婿婚姻建立的家庭结构没有发生改变，改变的只是家庭成员的角色关系。女儿这一角色通过她本身的角色定位承担起家庭养老的责任，夫妻角色的模糊化巩固了女儿在家庭的中心地位，使女儿养老成为可能。在家庭代际关系的缓和下，女儿养老的效果和质量更好。

实践性赡养关系实际赋予女儿和儿子几乎相似的赡养责任和义务。女性角色不仅在家庭中发生变化，在一系列社会关系和亲属网络中，女儿的身份经过招婿婚姻之后也发生改变，等同于儿子的角色。费孝通在《乡土中国　生育制度》中解释中国亲属制度时曾说亲属并不是血统的社会印版，而是为了生活的需要，在因生育及婚姻所联系的许多人中，划出一个范围来，认为是亲属①。在亲属范围内，再分若干类别，每一类规定着一套相互的权利和义务，以及特定的态度和行为。每一类亲属都有特定的名称，比如叔伯舅姑等代表着特定的亲属关系。可是在上门女婿进入村庄后，这一套原有的亲属关系被打破，在称呼上也发生变化。上门女婿原家庭那边的亲属称为是不变的，依然是叔叔伯伯姑姑称呼，因为"男的毕竟还是男的"，长期以来的父权观念不可能完全消失，只能将其弱化。所以就靠招婿后女方家里的称呼改变来与父权抗衡。招婿妇女被她的姊妹的孩子称为姑姑，她的孩子也称呼妈妈的姊妹为姑爹姑妈叔伯之类，与男家的称呼一样。因为在称呼的亲疏上，"姑爹姑妈骨肉亲，姨表姊妹外来人"。通过这种亲属称谓的变化，招婿婚姻逐渐混淆宗亲亲属和姻亲亲属关系，将女儿等同于家中的儿子，更加混淆了男女的区别。

通过招婿婚姻这一基础性机制，以女儿为核心的家庭结构得以呈现并培育出新型家庭伦理，女儿承担了传统男子所必需的家庭角色与社会角色，并构建了继承自己父母的社会亲属关系，使得基于"父—女"的纵向关系平稳建立，在招婿婚姻组成的家庭中，女儿的身份不再是依附于男性的，这就建构起女儿可以与儿子一样承担家庭养老责任的强大伦理，男女角色没有区别，"女"就是"男"，"女儿"就是"儿子"。而恰恰是招婿婚姻中女儿的主导性地位，保证了基于"父-女"关系的血缘性与情感性建立起来的养老模式得以持续。

---

①　详见费孝通《乡土中国　生育制度》中"亲属的扩展"一章中"亲属的分类"内容。费孝通. 乡土中国　生育制度[M]. 北京：北京大学出版社，1998：266-277.

第二节　"两头走"：一种新婚嫁形式及其社会内涵

"两来两走""不招不嫁"或"两头走"都是对一种新型婚嫁形式的称呼。它通过对婚嫁规则、婚后居住制度以及家庭继承制度进行重新定义，改变了家庭成员的家庭观念、互动方式和行为模式，对家庭关系和家庭功能产生重要影响，有利于实现社会性别的平等。

2010年暑期笔者在湖北襄阳农村调研时，当时居住的农户家里有一间房布置齐全，除基本生活物品之外，电脑、音响、电脑摄像头、空调等现代装备一应俱全，并且房间装修是家里最好的，但是却空着。后来了解到这是农户大女儿和女婿的新房（房东有两个女儿，小女儿还在上大学），他们外出务工回来住，这里也是他们的家。房东大女儿的婚姻形式就是"不招不嫁"（有些地方称"两头走""两来两走"）。不招不嫁婚姻形式作为一种新的社会现象引起笔者的好奇和关注。2011年，笔者来到湖北钟祥农村调研，这里多样化的婚嫁模式呈现给调研团队一个鲜活的农村社会场域来开展研究，据调研团队的调查统计估算，从20世纪50年代以来，该地区招婿婚姻事件数基本维持在30%左右。总体上来看，20世纪50年代到90年代的招婿婚姻从30%以上逐渐降低到23%，在2000年以后又开始上升。在2000年之后，不招不嫁形式出现并且存在一定比例。遗憾的是当时调研团队没有对不招不嫁模式做出具体统计，尽管统计上并不精确，但能明显感受到不招不嫁形式的迅速发展。2015年笔者到湖北宜昌农村做调研。经过几年的发展，不招不嫁婚姻（下文统一称"两头走"）形式在农村地区已经发展为非常普遍的婚嫁模式。直观的感受是，在数量上，"两头走"形式在数量上超过招婿形式而成为有别于传统男娶女嫁形式的婚嫁模式类型；在社会认可度上，"两头走"被广泛接纳并且成为理所应当的婚嫁模式，"都只有一个孩子，谁不想（把他/她）留在家里"！在居住安排上，"两头走"的年轻夫妇两边父母家都有房子居住，有的家庭还为年轻夫妇在城里买房，但是年轻夫妇特别是女性选择在自己父母家居住的时间较长，这与农村劳动力外流密切相关。在农村劳动力外流的背景下，年轻丈夫一般会外出务工，留守在家的年轻女性则会选择在自己父母家长期居住。当笔者问及她们的丈夫是不是上门女婿时，得到的回答都很明确"不是上门"。"两头走"是不同于招婿婚姻模式的一种婚嫁制度安排，它成为一种新的社会现象存在于农村社会中，有着复杂的经济社会与人口基础以及特定的村庄社会结构基础。

一、"两头走"现状描述

从笔者的田野经验出发获得对"两头走"现象的产生与发展的直观经验感受，以及通过当前学者对两头走的描述，得到以下对"两头走"婚姻模式的认识。

"两头走"是一种新型的婚嫁模式，在一些地方又被称为"不招不嫁""两来两走""两边蹲"等。"两头走"最早出现于 20 世纪 90 年代中后期，一些农村出现个案，在 2000 年以后逐渐发展起来，并代替招婿婚姻成为更为认可的形式。实行"两头走"的群体基本是出生在 20 世纪 80 年代以后的，也正是我国计划生育政策严格执行而产生的第一代独生子女群体。"两头走"一般发生在双独家庭，当前有逐渐向单独家庭蔓延并有进一步向普通家庭扩展的趋势。男女双方在缔结婚姻时取消了传统的彩礼与嫁妆，双方父母家庭都会准备新房和生活设备供年轻夫妇使用。年轻夫妇既独立又依附于父母家庭，他们从双方父母家庭获得资源，同时也平等地承担责任和义务。

从已有观察来看，"两头走"已出现在湖北中西部、川西、苏南、湘北、皖南等农村地区，这些农村地区具有相似的区域特征，主要表现在区位条件、经济发展水平、计划生育执行情况、性别偏好、村庄社会结构方面。第一，区位条件。这些地区区位条件优越，交通发达，要么是乡镇政府或集市所在地，要么是接近市镇中心的地区，或城郊农村。第二，经济发展水平。总体上来看这些地区经济发达，人们生活水平较高。产业结构发达，除苏南地区工商业发达，吸引大量外来人口就业之外，其他地区在农业经济作物及其他农业产业方面具有优势，并且打工经济发达。第三，计划生育执行情况较好，取得显著成效，独生子女家庭多特别是独女户、纯女户家庭占相当比例。第四，男孩偏好弱，有一定的女孩偏好，认为生女孩有福气。男女平等意识较强。第五，村庄社会结构松散，属于离散型结构①，村庄没有宗族等结构性力量，不排斥外来人口。

区域特征为"两头走"婚嫁模式的产生和发展提供了重要的社会基础，尤

---

① 一种村庄结构类型划分。贺雪峰在研究中国农村的区域差异时根据村庄社会结构的性质将村庄划分为三种类型：团结型村庄，分裂型村庄和分散的原子化村庄。分散的原子化村庄的特点是村庄开放，地方性规范较弱，宗族力量薄弱，商品化程度高，现代性力量渗透彻底。见贺雪峰. 论中国农村的区域差异——村庄社会结构的视角[J]. 开放时代，2012(10)：108-130.

其是观念基础和特定的村庄社会结构基础。优越的区位和发达的经济条件促使当地的人们在生活方式、价值观念上更加现代和开放，具有对新事物的包容性。松散的村庄社会结构使得个体和家庭摆脱了传统文化中传宗接代等价值追求的束缚，注重家庭利益而不是家族宗族的利益。独生子女的增加将女儿推向家庭继承人的位置，使男女平等的观念落实到家庭的制度安排中。

二、"两头走"的特征与原因分析

(一)"两头走"的特征

1. 居住安排上采用"两边住"的形式

年轻夫妇结婚后采用两边居住的形式，但并不是轮流住，居住时间没有限制。居住偏好主要以年轻夫妇的意愿为主。他们不再任何一方永久性定居，两头都是"家"是此模式最显著的外在表现，这种形式形成了和睦融洽的家庭关系，老少两代的感情维系较好，也避免了永久性定居带来的矛盾摩擦(王会等，2011)。但是这种居住安排赋予年轻夫妇的选择权却使我们看到老年父母在其中的被动局面。年轻夫妇并不会频繁地在两边家庭中流动居住，而是会选择经济条件较好或者生活条件更便利的一方长期居住，双方父母为了能够吸引年轻夫妇回自己一方居住往往会尽力为他们提供最好的居住条件(李永萍等，2015)。年轻夫妇会适当到不经常居住的另一方父母家庭探望慰藉，但依然不能改变他们根据个人偏好来选择居住的现实。因此"两边住"的形式是在年轻夫妇的主动选择与双方父母的被动安排之上子代小家庭与父辈家庭之间时而分离时而融合的方式。

2. "两头走"的根本目的在于兼顾双方父母的情感需求和养老需求

在当前人口条件的限制下，"两头走"改变原来一对夫妇负责一方父母养老的形式，将男女两方父母的养老都纳入在这个通过新型婚嫁模式缔结的年轻夫妇身上，同时将子女同双方父母都捆绑在一起，实现各自的情感寄托。中国的第一代独生子女往往受到父母的特别疼爱，子女和父母之间具有浓厚的情感依赖，"两头走"形式恰恰是实现这种情感依赖的基础(王会等，2011)。从现实的养老需求而言，父母年老后希望有子女在身边，将孩子留在身边可以实现将来的养老需求。"两头走"成为一种折中的方案，兼顾双方父母的赡养(李永萍等，2015)。

3. "两头走"家庭的继承方式

在"两头走"家庭中没有严格的姓氏继承规范，是家庭成员平等共议的结果。子女的姓氏可以随父姓，也可以随母姓，兼顾双方的意愿（王会等，2011），李永萍等（2015）也发现"两头走"家庭姓氏的随意性，有的家庭出现"跨代传姓"的现象。在家庭称谓上出现平等趋势，双方父母都被称为爷爷奶奶（黄亚惠，2013）。依据父系文化规范中对父系的称谓来模糊两系的区别并赋予双方平等的权利，"两头走"夫妇的户口也并不会像传统婚姻形式下转入对方的户口所在地，而是会根据相关利弊如利于下一代子女等做出选择（王会等，2011）。这些安排都在维护双方家庭在家庭资源，权利和义务方面的平等地位，消解父系文化对人们的规制，确保子女在家庭中平等的地位。在财产继承上，独生子女家庭中儿子和女儿毫无疑问要继承父母的财产，在多子女家庭中，女儿被赋予平等的财产继承权。"两头走"的流行，表达了农民家庭对女儿赡养与继承的需求，使得子女在家庭赡养和继承上能够平等地履行其权利，承担其义务。

4. "两头走"家庭的收入分配方式

"两头走"婚嫁模式下形成三个互相联系的小家庭，或是两个流动的主干家庭（李永萍等，2015）。两个流动的主干家庭的判断依据主要是基于年轻夫妇在居住安排上的流动性，不固定居住在哪一方，当居住到一方父母家时就形成暂时的主干家庭。如果从家庭的经济收入分配方式来看，年轻夫妇和两边父母都是各自管理支配自己的经济收入，是经济上互相独立的三个小家庭。一些有条件的家庭会在城镇为年轻夫妇准备新房供他们以后生活和发展，实际上是促成年轻夫妇独立门户，但在名义上，他们属于各自的父母家庭，没有娶，没有嫁。

（二）"两头走"的原因分析

1. 计划生育政策带来的影响

计划生育政策的严格执行产生了许多独生子女家庭，许多家庭只有一个孩子。同时受到社会经济转变的影响，人们的生育观念发生重大变化，性别偏好弱，男女平等意识增强。人们的生育行为由计划生育初期的被迫少生逐渐转变为自觉少生。即使农村地区允许在第一胎是女孩的家庭可以再生育一个孩子，许多家庭也自愿放弃二孩。独生子女家庭的大量出现改变了以往的男娶女嫁婚姻为主、招婿婚姻为辅的婚嫁模式格局。一个女儿的家庭不愿意让独女外嫁，一个儿子的家庭更不会让独子去上门，因此在双独家庭之间"两头走"的婚嫁模式率先出现，它在形式上满足了独生子女家庭的情感需求。

2. 农村养老保障制度的限制

家庭养老是我国农村地区主要的养老方式，在农村社会养老保障制度不健全的情况下，子女便是父母老年的依靠。在多子女家庭中，老年父母的赡养可以通过子女的嫁娶来绑定在其中的一方，可以采取男娶女嫁方式以男方父母的赡养为主，也可以采取招婿上门的方式规定女儿的赡养义务。大量出现的独生子女家庭使得老年赡养的子女资源急剧减少，现有的婚嫁模式已经无法满足双方父母将来靠子女养老的需求，因此，一种变通的具有实用性价值的能够兼顾双方父母的"两头走"婚嫁模式顺势而出，成为被认可的新形式服务于农民的生活。"两头走"希望通过婚嫁规定将子女同时纳入父母的养老中，满足了农村地区家庭养老的需求。

3. 打工经济的发展

打工经济为"两头走"的形成创造了经济基础和观念基础。随着经济社会转型，打工经济在我国迅速发展。农村劳动力外出务工增加了家庭经济收入，改善了家庭生活条件，同时外出务工使长期以来被束缚在土地上的传统农民到城市中得到思想上的改造，深受城市现代化、商品经济的影响，农民的思想观念发生巨大变化，他们在城乡之间的流动打破了传统农村的封闭与落后，将新的观念带入农村社会。外出务工改变了农民的家庭生计模式，使农民家庭内部发生分离，代际、夫妻之间的分离使得婚姻家庭制度安排上的自由度更大，对新的婚嫁模式的接纳度更高。"两头走"的年轻夫妇外出务工，双方父母都会对他们给予理解，"孩子也不容易"，父母愿意为子女回家做出许多安排并等待子女回家。这种长期的空间分离使得短暂的家庭相聚显得格外珍贵。

4. 男女平等观念的增强是"两头走"形成的前提

男女平等观念的增强使人们能够平等对待儿子和女儿，抛弃了以往重男轻女的思想观念，赋予儿子和女儿平等的权利和义务。在"两头走"现象发生的地区，男女平等观念深入人心。这些地区没有传统宗族的结构性力量，没有深重的传宗接代思想，女儿和儿子一样。

三、"两头走"对家庭关系的影响

"两头走"形成了基于居住安排变化之上的家庭关系的调整与重构，弱化其家庭关系中的情感联系，实现家庭关系的形式化与表面化。已有研究发现两头走家庭中年轻夫妇可以根据自己的喜好与情绪自由穿梭在两边父母家庭之间，而两边父母家庭相互间发生微妙的博弈以"争夺"或"吸引"年轻夫妇。父母家庭甘愿付出更多为年轻夫妇创造条件：舒适的居住生活条件、丰富的生活内容来换取短暂的家庭相聚。在这种情形下家庭关系表现出融洽和睦的局面，而实际上是建立在子代掌控主导权、父代被动等待形势下的家庭关系,特别是代际关系的形式化与表面化,缺少了家庭生活最本真的亲密与互动,长期来看家庭生活可能变得空洞与冷漠。

从家庭层面上,"两头走"模式形成的三个小家庭之间形成了平等的家庭权力结构(班涛,2016)。传统父权制下女方父母的附属地位通过"两头走"婚嫁模式的定义被纳入一个平等的权利架构中。在代际层面上,在代际关系中子代主导和父代被动的形势下,家庭的权力重心会进一步下移。子代掌控更多的自主权和选择权,父代对子代的控制和支配能力大大削弱(李永萍等,2015)。

四、"两头走"对家庭功能的影响

随着"两头走"现象的产生,相关研究陆续展开。从现有研究来看主要集中在对"两头走"婚嫁模式的特征、形成原因和社会影响的分析。根据上文中对这些分析的归纳总结,笔者认为还可以深化"两头走"婚姻制度安排对家庭功能的影响研究,特别是两项重要的家庭功能——养老和生育。目前研究观察到"两头走"家庭中养老存在巨大的风险和不确定性,但由于目前"两头走"家庭的养老还没有正式开始,因此无法做出更多的判断。笔者将在现有研究基础之上深入分析"两头走"婚嫁模式下家庭养老的实质和发展趋势。此外生育是一项重要的家庭功能,受到家庭结构,家庭关系等影响,"两头走"婚嫁模式下家庭的生育功能会发生什么变化是值得关注的问题,特别是在当前"全面二孩"新政下,"两头走"的年轻夫妇的二孩生育意愿尤其值得关注。他们中的大部分是作为独生子女适应新的婚嫁模式来承担更多的家庭责任,这会不会对他们的二孩生育意愿产生影响,又是如何影响的。下面笔者尝试做出进一步的分析。

(一)"两头走"家庭的养老功能实现

在子代家庭养老负担增加的同时使得老年父母的养老保障具有不确定性。尽管"两头走"模式在名义上保障了两边父母将来在养老上的经济,精神和生活照料支持的需要,但等到父母真正开始养老时一对夫妇很难在两边父母家庭之间同时提供良好的养老支持,小家庭面临的养老压力非常大。

1."两头走"的养老期待

在"两头走"婚嫁模式下父母的养老实践尚未开始,一般处于老年前期,父母年龄在五六十岁,具有劳动能力,暂不需要子女赡养。父母对子女未来的养老期待被合理性减弱,许多父母表示孩子都不容易,压力都大。可以预见,在未来的具体养老内容上，养老的经济支持负担重，日常生活照料上两边父母难以兼顾，唯独能够在老年父母的精神慰藉上给予更多的支持，这也正是子女对父母的老年赡养无法被其他养老方式替代的部分。

2."两头走"促使家庭养老向社会养老转变

在对"两头走"小家庭未来巨大的养老压力的预期下，两边父母改变了对子女养老的要求。为了应对养老风险和不确定性，父母的养老观念发生改变，靠子女养老的意愿减弱，而靠自己养老的意愿增强。许多父母已经开始存钱积累养老的经济资源，购买农村社会养老保险，一部分人还购买商业型养老保险。家庭养老实质上就是子女养老，而当子女的养老能力无法满足养老需求时，家庭的养老功能进一步弱化，而社会养老服务的价值将越发重要。"两头走"婚嫁模式在制度形式上对子女同时承担两边父母的养老义务的美好愿望可能会在子女无力负担时被打破，不过农民家庭已经预料到自身的养老未来，在老年前期就做好准备以缓解未来子女的养老压力。"两头走"最终将父母的养老推向社会，实现家庭养老与社会养老的承接与转变。

3."两头走"实现养老制度上的性别平等

"两头走"婚嫁模式是作为传统男娶女嫁模式与招婿上门模式的补充而出现的变通型的婚嫁模式，也是在制度安排上将儿子和女儿同时纳入家庭养老之中，成为家庭养老的重要资源。婚嫁模式的变迁过程实质上就是赋予儿子到女儿，再到子女平等的参与养老过程权利与义务的合法性实践，实现家庭制度上的性别平等。

(二)"两头走"家庭的生育意愿

1. 生育的性别偏好

"两头走"婚嫁形式实行的地区男孩偏好较弱，在生育意愿上没有明显的性别偏好，或者有一定的女孩偏好。

生育的性别偏好很大程度上是由男孩和女孩在家庭养老功能上作用的差异而导致。在农民家庭缺乏社会养老保障的时候，子女是养老的重要资源。面对婚嫁规则和婚后从夫居的制度安排，儿子一般在本村成家，而女儿则外嫁到别处，在父母年老时临近的儿子才能主要承担赡养责任，婚居别处的女儿没有提供赡养的现实操作性。老年的生活来源主要是靠儿子，而不是靠女儿。因此，生养儿子防老是重要的策略选择，产生生育的男孩偏好。

"两头走"婚嫁形式通过规定女儿和儿子一样的养老义务并赋予女儿和儿子一样正式的养老身份，使得女儿和儿子一样具有工具性价值，而嫁娶规则和婚后居住方式的改变是保证儿子和女儿平等地位的现实基础。在养老实践中女孩更细心，对父母更加贴心，养育女儿得到许多好评，因此一些地区对女孩的偏爱有所增加。

经过农村地区养老模式的变化，即由传统的儿子养老向儿子和女儿都能养老的转变，儿子和女儿对父母具有同样的价值，因此在生育偏好上传统的男孩偏好不断弱化，女孩偏好不断增加，生育意愿中的性别平等逐渐实现。

2. "两头走"夫妻的生育意愿

在"全面二孩"的政策背景下，"两头走"婚嫁形式对育龄夫妇的生育数量意愿具有双向影响。

一方面是强化二孩生育意愿的因素。家庭代际关系的和谐以及丰富的生育支持资源是提高"两头走"夫妇生育意愿的重要影响因素。养育和照顾子女需要经济、时间和照料人员的共同投入。而"两头走"的家庭在这些方面具有优势。两边的父母同时向小家庭用力，不仅在经济上给予大力支持，同时会帮助照料孩子，付出时间和劳动，两边父母都是爷爷奶奶，处于平等的地位，都愿意为小家庭提供生育的支持。因此，有助于增强"两头走"夫妇的生育意愿。

另一方面，"两头走"婚嫁形式赋予年轻夫妇充分的自主权，在地区内性别偏好较弱的影响下，他们没有生育男孩的压力，这可能会在一定程度上降低他们的生育意愿。实行"两头走"婚嫁形式的地区文化中，男女平等观念深入人心，人们的生育观念较少受到家族宗族等结构性力量的影响，而更多地受到个人和家庭发展的影响。作为生育主体的女性，长期以来处于一个性别平等与妇女地位较高的社会影响中，她们在生育决策上会更加理性，在孩子的成本—效用上做出更多的思考。"两头走"的年轻女性是实践男女平等观念最直接的主体，她们往往具有更加独立与现代的价值观念。而生育对女性的收入、职业发展、闲暇娱乐等都会产生较大影响，一定程度上会降低女性的生育意愿。不过生育上丰富的家庭支持资源似乎又能缓解这种冲突带来的影响，双方父母可以有效分担女性的生育照料负担和经济负担，最终地区内的生育水平不至于太低。

五、"两头走"对社会性别平等的影响

"两头走"婚嫁形式在根源上改变了传统的性别偏好产生的制度基础，有利于实现男女的社会性别平等。李银河（2009）在研究农村女性家庭问题时指出父母对儿女的性别偏好是由婚姻制度、养老制度、婚后居住制度等制度因素造成的。传统制度规则下，主要实行男娶女嫁婚姻制度。女儿从一出生就不受

欢迎，因为女儿被认为是替别人家养的，是"家之附从人口"，暂时被娘家养着。这就直接导致家庭在对待儿女时各方面都会产生不平等，如在营养健康、教育医疗、家务劳动等方面给予儿女不同的待遇。婚后居住安排上实行的从夫居制，直接将女儿与父母的联系切断，女儿的一切关系都转移到丈夫的家庭，成为依附于丈夫的人口，并承担公婆的赡养。婚姻制度和婚后居住制度安排的结果就是女儿在对自己父母的家庭养老功能上的缺失与无效用，造成对儿女的性别偏好。这一系列的制度安排都将男女置于不平等的位置，而当一种新型的婚嫁形式出现并打破了这些制度设置时，性别不平等的因素就被摧毁了，向社会性别平等迈进了一大步。

(一)婚姻规则的性别平等

"两头走"婚嫁形式首先改变了婚姻规则，实现了婚姻缔结的性别平等。传统婚姻制度中一直存在两种形式：一种是主流婚嫁形式"男娶女嫁"，该模式下女性被放在弱势地位，归属和依附于夫家；另一种是传统规范下作为补充的婚嫁形式"招婿上门"，该模式下男性处于弱势地位，归属和服务于女方家庭。但是"招婿上门"一般只发生在独女户或纯女户和家境贫困兄弟众多的男方家庭之间，赘婿一般会受到歧视。近年来上门女婿的地位逐渐提高，但是招婿婚姻制度对男女婚姻的规定依然存在不平等，它强化了与女方家庭的关系而切断了与男方家庭的联系。上述两种婚嫁形式都是通过婚姻仪式的过程将男女放在嫁或娶的位置上从而将其归属于一方家庭中而导致性别不平等的状态。

"两头走"婚嫁形式明确规定"不招"也"不嫁"，直接将传统嫁娶规则抹去，取消彩礼和嫁妆，男女家庭同样举办婚礼并准备新房，这些规定将男女双方放在平等的位置上，在婚姻仪式中就赋予男女平等的地位，保证了男女个体及双方家庭之间的平等。"不招不嫁"即是两个个体平等地结合。

(二)婚后居住安排的性别平等

"两头走"婚姻在居住安排上实行两边父母家庭轮流居住的形式。如果家庭经济条件允许，两边父母家庭会为小夫妻在城镇购买新房。但其基本居住安排的规定仍然是按照婚后两边居住，"两边都是家"。

婚后居住模式被认为是男女不平等的一项重要特征，它同继承权和财产权紧密相关，这三个方面都显然促进了社会性别的政治经济(宝森，2005)。传统婚后居住形式要求从夫居，或作为补充的招婿上门即实行从妻居。从夫居制中，对于女子来说，意味着自结婚之日起女孩要离开娘家，脱离原来的社会关系网络，进入夫家的生活环境中，依附于丈夫和婆家。"出嫁从夫"便是依托丈夫在夫家"立足"，从而获得夫姓家族、村落的安全感和归属感，并依托丈夫体验自身的存在意义。朱爱岚（2004）指出正是以男性为中心的居住方式成为日常乡土生活的社会性别化政治的决定性因素。相反地，作为补充形式的招婿婚后实行从妻居制，便是将男子和女子的位置互换了，通过对男子的剥夺来完成。

"两头走"婚嫁形式正是改变了对婚后居住安排的规定，将男女放在平等的地位，有利于社会性别平等的推进。小夫妻婚后轮流在双方父母家庭居住，通过日常生活的互动与双方父母及亲属网络建立密切的联系和感情，在居住时间、亲属关系建构方面实现平等。

（三）家庭继承的性别平等

"两头走"婚嫁形式下男女都是各自父母家庭的继承人。在我国家庭文化中，"继"包含两层意思，一是继人，这就是对老人的赡养义务，二是继宗祧，就是承担对祖先的祭祀（麻国庆，1999）。因此，作为继承人要承担权利和责任，包括继承家产、姓氏等权利，同时要承担家庭的赡养义务。

在继承权利上，"两头走"婚姻形式改变过去男系继承的规则，赋予女儿对家庭的家产继承权，并建立与男系相同的亲属称谓来彰显男女平等的意涵；在继承义务上，是男女平等地对双方父母负有养老的责任。有研究（黄亚惠，2013）认为女儿地位的改变与她作为独女的身份密切关联，因为没有替代选择而被选择为家庭的合法继承人。如果家庭中有男性子嗣的时候自然消解和替代了女儿的角色，所以女儿的继承权只是独女家庭在子女资源短缺的情况下做出的权宜性妥协，继承权随时可能让位于男性。女儿的价值只是暂时的现象，而实际上女儿在父权制家庭制度中仍然处于一个相对劣势的地位。这种观念具有一定的合理性，特别是在传统根深蒂固影响下的农村社会，文化的惯性会长时间存在。但在现实中"两头走"婚嫁形式并不是只在独女户以及纯女户家庭出现，它已经蔓延到多子女家庭。李永萍等（2015）在某地农村中就发现有一儿一女的家庭，儿子和女儿都是实行"两头走"婚姻。父母的考虑是，一方面在结婚费用上的负担大大减少，另一方面儿女共同分担将来的养老可以有效减轻子代家庭的养老压力。这就意味着女儿的工具性意义打破了传统父权制的规制，儿女都是家庭责任的承担者，平等地承担赡养义务，当然也具有同样的权利。

这表明男女平等观念在人们的文化观念中已经产生并付诸实践，正向男女平等地成为权利和义务主体迈进而不是回溯。农民家庭更多的出于现实需要的考量来进行制度上的安排，而不是寻求传统文化规范中的意义与归属。"两头走"婚嫁形式的发展有利于农村地区的男女平等走向实质性平等（王会，2011）。性别平等在家庭养老中首先得到体现，女儿养老成为越来越多的现象。

"两头走"又被称为"两来两走""不招不嫁""两边蹲"等。这些称呼都非常形象地体现着这种新型的婚嫁形式的内涵："两头走""两边蹲"的说法直接描述了这种婚嫁形式的居住安排模式的特点，"两来两走"既言明了居住安排的特点，也表现出它在家庭关系上的微妙之处，而"不招不嫁"则是从嫁娶规则上直接表明它的特点，它挑战传统单系偏重的嫁娶规则，通过无偏重的规定来缔结婚姻。"两来两走""不招不嫁"婚嫁形式从根本上改变了父系和夫居的传统制度，进而弱化父权与夫权为代表的男权，重塑家庭权力结构。

从招婿婚姻制度到"两头走"婚姻制度的变革，是农村家庭通过制度约束将女儿纳入家庭，成为家庭养老的正式成员的过程，在这两种婚姻制度的转变之中，逐渐实现了性别平等的推进。招婿婚姻制度从制度上赋予女儿家庭角色，而"两头走"婚姻则在制度上将男女的角色均等化。两者都通过婚姻制度，改变家庭的权力关系，改变了女性的地位，有利于女儿养老的实现。

第三节 婚姻制度、角色地位重置与农村女儿养老

婚姻制度的调整改变了基于性别和代际两个维度的两性角色地位与权力关系。本节主要利用微观调查数据来分析农村婚姻制度的变革对于家庭成员地位的影响，主要分析老年人家庭地位和妇女家庭地位的特征。新型婚姻形式下女性和男性一样具有平等的家庭权利和义务，妇女的家庭地位得到显著提高，有助于促进地区内和家庭领域的性别平等，有利于女儿养老的实现。

一、数据介绍

本节内容的数据源于 2015 年 8 月中南财经政法大学人口发展研究中心"公共政策与家庭发展"项目组对宜昌的农村调研数据。该数据源于对宜昌市城乡家庭生育意愿与生育行为的抽样调查与深度访谈调查。调查样本通过多层、分阶段、与规模成比例的抽样方法获得。首先从宜昌市全员人口数据库中筛选出女性处于 15~60 岁年龄段的全部家庭，共计 400000 户。然后，进行深度访谈样本再抽样，抽取 925 个访谈对象。在抽样过程中，项目组采取分层等比例的

PPS 抽样。首先在宜昌市按照经济发展水平、地形特征、人口规模和结构选择了当阳市、兴山县、远安县和五峰土家族自治县作为调查对象，其中当阳市人口规模较大，项目组抽取 6 个镇调查，其他 3 县每个县抽取 3 个镇调查；每个镇抽取两个村，每村抽取 30 人左右为调查对象。本次调查中项目组以 18~49 岁的农村妇女为访谈对象。回收问卷 925 份，其中有效问卷 916 份。问卷内容主要涉及妇女的个人及家庭成员信息、妇女的家庭地位、生育意愿、养老意愿等方面。

从抽样数据来看，本次调查中汉族人口占样本的比重为 80.3%，土家族占样本的比重为 19.1%，其他少数民族所占比重为 0.5%；小学及以下文化程度人口农村育龄妇女所占比重为 11.5%，高中及以上文化程度人口所占比重为 37.8%；在村中家庭经济地位为上等、中上等、一般、中下等和下等的比例分别为 6.6%、35.8%、47.1%、8.6% 和 2.0%。

婚居模式是在一定婚姻制度下男女双方的居住安排，目前主要有以下几种形式：第一，传统嫁娶婚姻下的从夫居，即婚后与丈夫及男方父母共同生活；第二，招婿婚姻下的从妻居，即男女婚后到妻子家与女方父母共同生活；第三，"不招不嫁"（也称"两头走""两来两走"），即男女婚后属于双方家庭，可以到任何一方家庭居住。

调研中项目组询问了所有共同居住共同吃饭的家庭成员的信息，根据家庭成员的身份，并对数据进行适当处理，与公婆一起居住的妇女即"从夫居"，与父母一起居住的妇女即"从妻居"，没有与任何一方父母居住即"单独居住"。单独居住中包括"不招不嫁"的妇女，"出嫁不出村"的妇女，还有婚后"另立新居"的妇女，此处前两者的居住安排都是受婚嫁制度的直接影响，第三种是现代型的居住模式，最明显的特征就是小夫妻在城镇买房。尽管另立新居不是婚嫁制度直接导致的，但相对于传统居住模式而言，是一种现代的形式，因此，项目组将这三者统一纳入新型婚居模式中，即单独居住一类。调查数据显示，三种婚居模式类型的比例分别是：从夫居为 47.7%，从妻居为 13.8% 和单独居住为 38.5%。

二、婚姻制度变革对农村女性地位的影响

家庭是社会的基本单位，家庭制度的变化受到社会经济结构变迁的影响，婚姻制度作为一项基本的家庭制度随着社会的巨变已然发生变革。传统父权制下的婚姻制度以嫁娶婚姻和从夫居制为主流，极少出现的招婿婚姻和从妻居制仅作为一种补充而存在。随着人口结构的变化和家庭功能、家庭结构的变迁，

招婿婚姻在某些地区开始被人们所接受，并且占据相当比例。招婿婚姻不仅可以缓解纯女户家庭的老年父母赡养问题，同时两种婚居模式盛行的地方生育率出现下降，男孩偏好弱化，性别比出现平衡，它对于提高妇女地位也具有积极的意义。

（一）不同婚居模式下妇女家庭地位的描述分析

妇女的家庭权力与家庭地位密切相关，女性是否具有家庭权力成为衡量家庭地位高低的主要指标。相关研究在具体的指标选择上存在差异，徐安琪将它们归纳为几大类，如经常性管理权重说、重大家庭事务决定说、客观认同说、多元指标综合说、家庭实权测量说等，并提出将妇女的生活自主权和婚姻满意度作为衡量标准。但这些标准是否能够得到普遍认可仍需检验。妇女家庭地位的衡量标准难以统一的关键就在于家庭的复杂性和独特性以及个体体验的差异，不仅城乡家庭有别，地区之间、村落之间的家庭由于价值追求、生命意义的不同也表现各异。因此，项目组根据农村家庭的特点，选择以下四个指标来衡量妇女的家庭地位：家庭经济支配权，家庭事务决策权，日常家务分工和家庭资源分配。这四项指标兼顾家庭实权的测量、家庭义务的分担和家庭资源的享有，它们可以从多个层面来衡量妇女的家庭地位。

在问卷中项目组分别设计具体问题来衡量这些权力。第一，家庭中钱财的控制是最直接体现家庭实权的，经济是家庭生活的基础，对于家庭经济支配权，项目组用"您家里谁管钱"来考察，答案包括妻子、丈夫、夫妻共同以及其他家庭成员控制（指同住的父母辈）四种情况。第二，对于家庭事务决定权，项目组选择"您小孩的名字是谁取的"（如果有多个孩子则问第一个孩子的名字）来考察，答案分为三种类型，即妻子、丈夫以及其他成员。（其他成员主要是父母辈，如果取名者是子代和父母以外的其他成员，那么我们会追问是哪一位家庭成员做决定来请他人取名的，并认为取名的决定者是该家庭成员。如果回答是共同决定时，则追问最后是谁拍板的，即是决定者。）在不同婚居模式的家庭中，小孩的名字特别是姓氏的选择是重要的事件，能体现家庭的权力主体。第三，对于日常家务分工，主要考察丈夫是否会分担家务，如果丈夫分担家务，那么家庭中传统的男权、夫权观念较弱，妇女具有一定的家庭地位，反之，妇女的地位则较低。项目组通过"您丈夫平时在家里做饭吗"来考察这一问题，答案分为两类，丈夫做饭与不做饭，即丈夫分担家务与不分担家务。第四，对于家庭资源分配，即家庭的劳动果实如何分配，妇女是否拥有享受家庭资源的权利以及在何种程度上享受，能够体现妇女在家庭中的地位。项目组通过询问现代生活中手机的拥有质量，即"您和您丈夫谁的手机更好一些"来考察妇女对家庭资源的享有，答案包括三种情况，妻子的好、丈夫的好、两个人一样，分别代表家庭资源会偏向妻子，偏向丈夫以及没有偏向。具体的统计分析如表4-4所示。

表4-4　　　　　婚居模式与妇女家庭地位各指标的关系($N=916$)

	家庭经济支配权				家庭事务决策权			日常家务分工		家庭资源分配		
	妻子	丈夫	共同	其他	妻子	丈夫	其他	丈夫分担	丈夫不分担	偏妻子	偏丈夫	无偏
与公婆住	29.3	24.0	25.4	21.3	21.7	45.3	33.0	54.0	46.0	22.7	34.6	42.8
与父母住	41.3	18.3	19.8	20.6	34.9	37.3	27.8	59.5	40.5	34.1	32.5	33.3
单独居住	38.2	24.4	34.6	2.8	27.2	46.2	26.6	60.9	39.1	28.9	30.3	40.8
合计	34.4	23.4	28.2	14.1	25.7	44.5	29.8	57.4	42.6	26.6	32.6	40.7

总体上来看，妇女在家庭经济支配权上高于丈夫，丈夫分担家务的比例高于丈夫不分担家务的比例，在家庭事务的决策权和家庭资源分配上，妇女低于丈夫。

在不同婚居模式下，地位的高低程度存在较大差异。第一，与公婆同住妇女的家庭经济支配权略高于丈夫，而与父母同住和单独居住妇女在这项权力上显著高于丈夫，其中，与父母同住的差距最大，妻子高于丈夫20%以上。第二，从日常家务分工来看，丈夫分担与不分担的比例差距最大的是单独居住，与父母同住的次之，而与公婆同住的差距最小。第三，在家庭事务决策权上，与父母同住的妇女略低于丈夫，但其他两种婚居模式中妻子明显低于丈夫。第四，与公婆同住的家庭资源分配明显偏向丈夫，单独居住的家庭妻子略低于丈夫，而从妻居家庭妻子却略高于丈夫。

这四个方面各从一个维度考察了妇女的家庭地位，它们体现出妇女家庭地位高低的不同程度，接下来笔者将这四个维度整合起来，综合考察妇女的家庭地位，建立婚居模式与妇女家庭地位的关系模型。

(二)婚姻形式与妇女家庭地位的模型建构

1. 变量设置

被解释变量有妇女的家庭地位，笔者将以上四个指标综合起来衡量妇女的家庭地位，将妻子享有的各项权力赋值，如果权力是妻子和丈夫共同享有或没有差别则视为妻子享有权力和地位，得到五种情况，即妇女享有 0~4 种家庭权力，然后根据地位的高、中、低等级，将拥有三项及以上的权力分为妇女的家庭地位高，占 36.9%，拥有两项权力分为妇女家庭地位中等，为 36.0%，拥有一项或者没有任何权力视为妇女地位低，占 27.1%。

解释变量是婚居模式。婚居模式的三种类型包括与公婆同住（从夫居），与父母同住（从妻居）和单独居住。控制变量包括妇女个人特征变量和家庭特征变量、区域特征变量。个人特征变量主要有年龄、文化程度、户口性质、务工情况；家庭特征变量主要有家庭经济条件、子女数量、有无儿子；区域特征是所在县。具体的变量设置如表 4-5 所示。

表 4-5　　　　　　　　　　　　变量设置与说明

变量	变量说明	样本数	比率(%)
妇女的家庭地位	家庭地位高	338	36.9
	家庭地位中等	330	36.0
	家庭地位低	248	27.1
婚居模式	与公婆住	437	47.7
	与父母住	126	13.8
	单独居住	353	38.5
年龄	分别取均值和标准差	31.94	5.93
文化程度	大专及以上	57	6.2
	高中和中专	289	31.6
	初中及以下	569	62.2
户口性质	非农业	71	7.8
	农业	845	92.2
外出务工情况	正在务工	88	9.6
	已返回	518	56.6
	从无外出务工	310	33.8

续表

变量	变量说明	样本数	比率(%)
家庭经济条件	上等	60	6.6
	中上等	328	35.8
	一般	432	47.2
	下等	96	10.5
现有子女数量	分别取均值和标准差	1.12	0.43
有无儿子	没有儿子	428	46.7
	有儿子	488	53.3
所在区域	当阳市	367	40.1
	远安县	181	19.8
	兴山县	186	20.3
	五峰县	182	19.9

2. 模型建构与分析

（1）模型建构。

使用 Multinomial Logistic 回归模型考察婚居模式对妇女家庭地位的影响。以妇女的家庭地位为因变量。基本的计量模型方程为：

$$\text{logit}P_a = \ln\left\{\frac{P(y=a\mid x)}{P(y=c\mid x)}\right\} = \beta_0^a + \sum_{i=1}^{k}\beta_i^a x_i$$

$$\text{logit}P_b = \ln\left\{\frac{P(y=b\mid x)}{P(y=c\mid x)}\right\} = \beta_0^b + \sum_{i=1}^{k}\beta_i^b x_i$$

其中 a，b 表示妇女的家庭地位低和中等，c 为参照类别妇女的家庭地位高。

（2）模型分析。

婚居模式对妇女的家庭地位有显著影响。与家庭地位高的妇女相比，与公婆同住的妇女家庭地位低的比率是单独居住妇女的 3.051 倍，地位中等的比率是单独居住妇女的 1.592 倍。也就是说，与公婆同住妇女的家庭地位高的概率显著低于单独居住妇女，可见在从夫居模式中妇女的家庭地位大多偏低，或者处于中等地位。然而，与父母同住却并不会显著增加或降低妇女的家庭地位，它们的相关性并不显著，如表 4-6 所示。

表 4-6　　婚居模式与妇女家庭地位的 Multinomial Logistic 回归模型

妇女家庭地位	家庭地位低			家庭地位中等		
(家庭地位高=0)	B	Std. Error	Exp(B)	B	Std. Error	Exp(B)
婚居模式(单独居住=0)						
与公婆同住	1.115***	0.209	3.051	0.465**	0.184	1.592
与父母同住	0.395	0.279	1.485	-0.168	0.252	0.845
妇女年龄	0.006	0.018	1.006	0.013	0.016	1.013
妇女文化程度(初中及以下=0)						
大专及以上	-0.952**	0.420	0.386	-0.676*	0.355	0.508
高中及中专	-0.638***	0.216	0.528	-0.364*	0.191	0.695
户口性质(农业=0)						
非农业	-0.369	0.382	0.691	-0.121	0.308	0.886
外出务工情况(从无外出务工=0)						
正在外出务工	-0.416	0.326	0.660	-0.262	0.299	0.770
已返回	-0.615***	0.205	0.540	-0.398**	0.188	0.672
家庭经济条件(下等=0)						
上等	-0.080	0.445	0.923	-0.153	0.406	0.858
中上等	-0.167	0.319	0.847	-0.044	0.289	0.957
一般	0.074	0.303	1.077	-0.112	0.279	0.894
子女数量	0.106	0.208	1.111	-0.240	0.197	0.787
有无男孩(有=0)						
没有男孩	0.298*	0.179	1.348	0.088	0.163	1.092
区域特征(五峰县=0)						
当阳市	-0.390	0.246	0.677	-0.380*	0.228	0.684
远安县	-0.546*	0.282	0.579	-0.422*	0.256	0.656
兴山县	-0.589**	0.284	0.555	-0.399	0.258	0.671
常数项	-0.263	0.800		0.454	0.728	

续表

妇女家庭地位 （家庭地位高=0）	家庭地位低			家庭地位中等		
	B	Std. Error	Exp(B)	B	Std. Error	Exp(B)
有效样本量	916					
卡方值	80.325***					
Cox 和 Snell R^2	0.084					
Nagelkerke R^2	0.095					

注：*，**，***分别表示显著性水平为10%，5%和1%。

文化程度与妇女的家庭地位显著相关。随着文化程度的提高，妇女的家庭地位会相应提高。与家庭地位高的妇女相比，大专及以上学历的妇女比初中及以下学历妇女的家庭地位低的概率降低 0.386 倍，家庭地位中等的概率降低 0.508 倍；高中及中专学历的妇女比初中及以下学历妇女的家庭地位低的概率降低 0.528 倍，家庭地位中等的概率降低 0.695 倍。

外出务工经历与妇女的家庭地位显著相关。外出务工经历会提高妇女的家庭地位，外出务工已返回的妇女相比于从没有外出务工的妇女，其家庭地位处于低等的概率降低 0.540 倍，家庭地位处于中等的概率降低 0.672 倍。可见，随着妇女的城乡流动和非农就业的增加，经济收入的增加以及受到城市现代化价值观念和性别观念的影响，在她们返回家庭后将会有助于家庭地位的改善。

令人意外的一个发现是在不同婚居模式并行的地区，妇女家庭地位与有没有儿子还存在一定相关性。没有男孩会增加妇女家庭地位低的概率，比率是 1.348 倍。以往的认识是多种婚居模式流行地区，男孩偏好较弱，甚至有女孩偏好。招婿婚姻的盛行能够降低整个地区的男孩偏好，而且招婿婚姻作为一种婚嫁风俗在一个地方形成以后，就会使那里所有的人，不论其婚居形式是招赘还是嫁娶，都会在嫁娶观念和态度上与招赘婚姻的要求趋同而持有与之大体相同的性别偏好。但是此处的研究发现，在招婿婚姻流行的地区还存在着一定程度的男孩偏好，传统的父权制规范在某些方面依然延续在农民的生活中，生育男孩是妇女获得较高家庭地位的一个重要影响因素。

3. 结论

父权制家庭的权力关系是建立在两个维度之上的关系，即代际和性别，表现出父主子从、男主女从的特点，并形成一系列权利义务与财产继承等规则。父系、父权和从夫居制是它的三大基石。父权制规范下女性依附于男性，女性没有赡养父母的义务以及财产继承权，嫁入夫家之后，妇女从属于丈夫并对公婆履行赡养义务，妇女的存在意义依附于丈夫，没有家庭地位可言。婚居模式的变革是对传统制度的挑战。在从妻居模式的实行下，女性的从属地位发生改变，女性具有了赡养父母，继承家产的权利和责任。妇女具有了掌握家庭权力的制度基础，这对于提高妇女的家庭地位具有重要作用。农村地区妇女具有一定的家庭地位，随着妇女受教育水平的提高以及外出务工的增加，妇女逐渐实现自身的经济独立，受城市价值观念的影响，她们的性别观念更加现代，这对于提高妇女的家庭地位具有重要推动作用。从妻居模式下通过变革父权制而赋予妇女赡养与继承的义务，给予妇女主持家庭的权力和地位。

三、婚姻制度变革对农村老人地位的影响

(一)研究设计与变量选择

根据研究需要，在婚居模式的变量中只选取前两者，即从夫居与从妻居、子代和亲代共同生活的家庭样本，在直系家庭中来考察老人地位的特征。因此本部分研究的有效样本量是562个。

本研究的考察对象是家庭中的老人，就是老年父母辈。考虑父母的婚姻状态存在丧偶的情况，一般来说女性老人的寿命普遍长于男性老人，因此，笔者以女性老人为研究主体，如果女性老人去世，则用健在的男性老人来替代。另外选择女性老人还出于样本中父母平均年龄与妇女地位的考虑。样本中父母的平均年龄是57岁，可见有一部分父母未进入老年期，而一般农村妇女当家是普遍局面，中老年父母如果掌管家庭的话也以母亲当家为多数，因此选择女性老人更能代表老人在家庭的地位。从女性老人视角分析直系家庭的老人地位，可以明确在父权式微的农村社会中，老年母亲权力与家庭地位的变化。

本部分研究的解释变量是老人的家庭地位。目前关于家庭地位的研究主要是对妇女家庭地位的研究，主要衡量指标包括家庭的经济支配权、家庭事务的决策权、个人家庭生活的自主权、婚姻生活的满意度等。本书的研究对象主要是老年妇女，因此，借鉴妇女地位的衡量指标并根据老人生活的特点，本研究主要从家庭经济支配权和家庭事务决策权来综合衡量老人的家庭地位。问卷中设置了相关问题，如"您家里谁管钱"和"小孩的名字(孙子女)是谁取的"，回答中包括所有的家庭成员，笔者区分出两类：老人和非老人。前者是考察家庭经济支配权，后者是家庭事务决策权，以小孩取名来衡量家庭事务决策权与本研究的主题婚居模式密切关联，在实行不同婚居模式的地区，孙子女辈的姓氏

与名字对于家庭有重要意义，谁来决定孙子女的姓氏往往代表着一定的家庭权威。家庭地位的反映是多种家庭权力的综合结果，因此，笔者将这两项赋值，最终分为三种类型：第一，家庭地位较高，即两项权力都拥有；第二，有一定的家庭地位或地位中等，即拥有两项权力中的一项；第三，家庭地位较低，即两项权力都没有。

解释变量包括两个部分：核心变量和控制变量。本研究的核心变量是婚居模式，包括从夫居和从妻居。控制变量包括老人的个人特征变量，如年龄、性别、文化程度、目前工作情况；家庭特征变量包括家庭经济条件、子女的养老预期(子代对未来自己年老时的养老方式安排)。具体的变量设置如表 4-7 所示。

表 4-7　　　　　　　　　　　变　量　设　置

变量		样本数	频率
被解释变量			
老人地位	家庭地位较高	17	3.0
	家庭地位中等	141	25.1
	家庭地位较低(作为参照组)	404	71.9
核心变量			
婚居模式	从夫居	437	77.8
	从妻居(作为参照组)	125	22.2
控制变量			
年龄	老人年龄(取均值和标准差)	57.84	8.41
性别	男	46	8.2
	女(作为参照组)	516	91.8
老人文化程度	初中及以上	201	35.8
	小学	254	45.2
	文盲半文盲(作为参照组)	107	19.0
目前工作情况	非农就业	74	13.2
	农业劳动	341	60.7
	其他(作为参照组)	147	26.2

续表

变量		样本数	频率
家庭经济条件	好	242	43.1
	一般	258	45.9
	差(作为参照组)	62	11.0
子女养老预期	靠自己养老	255	45.4
	靠子女养老	72	12.8
	靠社会养老	151	26.9
	没想好(作为参照组)	84	14.9

(二)老人家庭地位的描述分析

老人地位下降是当前农村社会中一个既定的事实，从分析中可以看到这个总体趋势，家庭地位较高的老人寥寥无几，只占总样本的3.0%。有一定地位的老人所占比例约为1/4，70%以上的老人在家庭中地位低下。

从婚居模式的对比来看，从妻居地位较高的老人比例略高于从夫居0.2个百分点，但是地位中等的老人比例却明显少于从夫居，家庭地位较低的老人比例多于从夫居。整体上来看，从夫居家庭中老人的地位处于中等以上的比例多于从妻居的家庭。农村婚居模式与老人地位交叉分析见表4-8。

表4-8　　　　　　　　农村婚居模式与老人地位交叉分析

	地位较高	地位中等	地位较低
从夫居	3.0%(13)	26.8%(117)	70.3%(307)
从妻居	3.2%(4)	19.2%(24)	77.6%(97)
合计	3.0%(17)	25.1%(141)	71.9%(404)

注：括号内为相应样本数。

(三)模型与结果分析

由于被解释变量是定序变量，我们采用 Multinomial Logistic 回归模型，在控制住可能影响的个人特征变量和家庭特征变量之后得到以下结果，如表4-9所示。

表4-9　　婚居模式与老人家庭地位的 Multinomial Logistic 回归结果

老人家庭地位 (家庭地位较低=0)	家庭地位较高			家庭地位中等		
	B	Std. Error	Exp(B)	B	Std. Error	Exp(B)
核心变量：婚居模式(从妻居=0)						
从夫居	0.236	0.626	0.705	0.448*	0.258	1.566
老人个人特征：						
年龄	−0.122**	0.053	0.885	−0.031**	0.015	0.969
性别(女=0)						
男	−0.244	1.129	0.784	−0.944*	0.497	0.389
文化程度(文盲半文盲=0)						
初中及以上	0.485	0.809	0.549	0.029	0.322	1.030
小学	−1.542	0.969	0.112	0.060	0.287	1.062
目前工作情况(其他=0)						
非农就业	−1.574	1.198	0.207	−0.018	0.347	0.982
农业劳动	−0.429	0.652	0.651	−0.351	0.252	0.704
家庭特征：						
家庭经济条件(差=0)：						
好	−1.181	0.967	0.307	−0.251	0.353	0.778
一般	−0.244	0.892	0.784	−0.274	0.346	0.760
子女养老预期(没想过=0)						
靠自己养老	−0.309	0.892	0.734	−0.076	0.301	0.927
靠子女养老	1.912**	0.921	6.764	0.533	0.371	1.704
靠社会养老	0.373	0.903	1.451	0.035	0.323	1.036
常数项	4.176	3.394		0.793	1.126	
有效样本量	562					
卡方值	46.382***					
Cox 和 Snell R^2	0.079					
Nagelkerke R^2	0.106					

注：*，**，***分别表示显著性水平为10%，5%和1%。

婚居模式对老人家庭地位有显著影响，从夫居家庭中老人的家庭地位高于从妻居家庭。家庭地位中等的老人相比于家庭地位较低的老人，从夫居家庭的概率比率是从妻居家庭的 1.566 倍，且在 10% 的水平上显著。但是对家庭地位较高的老人没有显著影响。

老人的年龄是影响家庭地位的重要因素，对家庭地位的不同程度都有显著影响，呈明显的负向影响。老人的年龄每增加 1 岁，家庭地位较高的概率降低 0.122 个对数单位，家庭地位中等的概率降低 0.031 个对数单位。这与已有研究的结论一致，随着老人年龄的增长，老人的身体状况、价值、资源等都处于下降趋势，因而对其地位产生明显的影响。

另外研究还发现，子女的养老预期对老人的家庭地位具有非常显著的影响。如果子女对未来自己的养老预期是靠子女来养老，那么这将会极大提高老年父母的家庭地位。在未来养老安排上，希望靠子女养老的家庭中老人家庭地位较高的概率是没想过将来如何养老的家庭的 6.764 倍，且在 5% 的水平上显著。而将来希望靠自己养老的家庭与老人的家庭地位是负向的关系，但是在模型中并不显著。

婚居模式的变革使得老人的家庭养老选择多元化，老人可以选择传统嫁娶婚姻与儿子同住，也可以选择招婿婚姻与女儿同住，还可以选择不招不嫁婚姻使子女两边自由选择居住。女儿参与养老在一定程度上缓解了农村养老危机。在实行不同婚居模式的农村地区，从夫居家庭中老人的地位相对高于从妻居家庭。从夫居模式是在传统的嫁娶婚姻下的居住安排，也是中国自古以来主流的婚居模式，它深受传统伦理规范的影响，在一定程度上维系了家庭中长者的权威。从妻居模式是农民为满足现实生活需求而对传统制度的变革，是建立在家庭需求之上的理性选择，摆脱了传统规范的束缚，建立了基于"父女关系""翁婿关系"的相对平衡的代际关系，有利于女儿养老的实现。

第四节　父母对女儿的养老角色期待

家庭制度安排的重新调整使得女儿对父母的养老效用得到较好的发挥，加上女儿的天然本质，女儿常常被认为对父母更加体贴，婚姻制度的改变也可以让女儿与儿子一样承担赡养的责任，人们逐渐形成对女儿养老的普遍认可，并在更多的层面上影响人们的性别偏好，在生育观念上传统的生育观已经销声匿迹，进一步推进了家庭中的性别平等，促使人们对儿子和女儿养老具有同样的角色期待。

一、多种婚嫁模式流行地区的生育观念

婚姻制度的变革促使地区内性别关系更加平等，男女在家庭养老中的地位趋于平等，同时也对整个地区的性别平等观念的形成具有重要的影响。在生育行为中，人们逐渐摆脱了男孩偏好，生育男孩的意愿和生育意愿都降低了。反过来，生育意愿的降低与性别平等的推进又进一步将男孩和女孩对家庭的价值提升，促使家庭制度中性别平等的实现。

婚居模式与生育行为的关系主要体现在婚居模式对生育数量、性别偏好的影响。婚居模式的变革是在生育率增长较快时期控制农村地区人口数量过快增长的重要手段，它可以弱化人们的男孩偏好，提高女孩的效用，有效降低生育率。

严梅福（1995）曾通过实验研究提出改变婚嫁模式降低生育率的思路，在嫁娶婚姻盛行的地区男孩偏好强，生两个儿子才能满足男孩偏好，生育率也较高；招婿婚姻和嫁娶婚姻并存的地区男孩偏好弱，女孩偏好增强，对于降低生育率有重要影响。实行招婿婚姻的地区生育率下降比较迅速，并且降低以后较稳定，少波动。实行嫁娶婚嫁模式的地区则相反。因此变革婚嫁模式是人口控制策略的优选方案（严梅福、石人炳，1996）。一些对从妻居流行地区的研究，如对湖北省枝江市某村的质性研究发现从妻居地区的生育文化与从夫居不同，没有性别偏好，并且生育率较低，人们大多不愿意多生（钟年，2001）；对三个从妻居流行程度不同的地区的对比研究发现，招婿婚姻能够显著弱化男孩偏好，当头胎是女孩时，招婿婚姻二胎生男孩的累积百分比小于嫁娶婚姻。招婿婚姻的盛行能够降低整个地区的男孩偏好程度（靳小怡、李树茁等，2004）。对这些典型地区的研究都可以证明婚居模式对生育数量和性别偏好的作用。

后来有学者通过全国的调查数据发现同样的现象。如杨菊华、Susan E. Short（2007）运用 CHNS 数据研究发现婚姻居住模式影响妇女的生育行为，其影响因孩次和居住制度而异：与父母同住降低二孩递进的概率，临近公婆居住增加二孩递进概率，但临近父母居住与孩次递进负相关。张现苓、翟振武（2013）运用全国抽样数据研究发现，与夫妻独立居住的妇女相比，与父母同住的农村妇女生育男孩的比例提高了 1.8%，与公婆同住的妇女会生育男孩的比例提高了 6.4%。不论是与哪方父母同住都会增加生育男孩的比例，其中与公婆同住显著增加了妇女生育男孩的比例。

婚居模式的变革具有重要的社会人口意义，特别是对于少子化和人口老龄化趋势下养老问题的解决以及家庭代际关系的改善，通过变革婚居模式重构实

践性的赡养关系，重塑家庭结构和孝道伦理，缓解农村的养老危机。不同婚嫁模式的流行与区域文化和习俗等制度性因素密切相关(巫锡炜、郭志刚，2010)。许琪(2013)指出随着社会变迁，生育率降低和人口流动，使得已婚子女与父母同住的比例减少，单独居住增多，从夫居和从妻居的差异缩小，妻子兄弟数量的减少会增加从妻居的比例，而丈夫兄弟数量的减少则降低这种可能性。这个时候如何解决婚后的居住安排？面对这种两难境地，新型婚居模式的出现便是农村社会的一种应对策略。

(一)不同婚居模式下妇女的二孩生育意愿

单独居住的妇女不想要二孩的最多，其次是从夫居。从妻居会增加妇女生育二孩的意愿。从表4-10可以看到，从夫居的妇女没想好要不要二孩的比例高于其他两种模式，为17.9%，她们对生育二孩有更多的犹豫；从妻居的妇女想要二孩的比例最高，为39.7%；单独居住的妇女不想要二孩的最多，达到53.7%，这一比例高于总样本不想要二孩的平均水平。

表4-10　　　　　　　不同婚居模式的二孩生育意愿交叉表(%)

二孩意愿 婚居模式	想要	不想要	没想好	合计
从夫居	34.0 (148)	48.0 (209)	17.9 (78)	100.0 (435)
从妻居	39.7 (50)	47.6 (60)	12.7 (16)	100.0 (126)
单独居住	36.9 (130)	53.7 (189)	9.4 (33)	100.0 (352)
合计	35.9 (328)	50.2 (458)	13.9 (127)	100.0 (913)

注：括号内为相应样本量。下同。

(二)婚居模式与妇女的二孩递进概率

在想要二孩的妇女中，笔者都追问了计划生育二孩的时间，在328个想要二孩的样本中关于计划生育二孩时间的有效样本量是244个。

从近两年(包括现孕以及今明两年)生育二孩的时间来看,从妻居二孩递进的速度最快,达到了41.9%,其次是单独居住的,为27.5%,从夫居的是23.8%。从夫居的二孩等待时间最长,有34.9%的妇女表示要再等几年,高于从妻居的19.4%和单独居住的23.0%。单独居住的妇女没想好计划生育二孩时间的比例最多,可见她们对再生育有更多犹豫,但从近两年的生育计划来看,单独居住的比例相对较多,处于从妻居和从夫居之间,如表4-11所示。

表4-11　　　　　　　　不同婚居模式的二孩生育时间交叉表(%)

生育时间 婚居模式	现孕	今年	明年	后年	再等几年	无计划	没想好	合计
从夫居	6.3 (8)	5.6 (7)	11.9 (15)	6.3 (8)	34.9 (44)	8.7 (11)	26.2 (33)	100.0 (126)
从妻居	16.1 (5)	9.7 (3)	16.1 (5)	0.0 (0)	19.4 (6)	16.1 (5)	22.6 (7)	100.0 (31)
单独居住	12.6 (11)	6.9 (6)	8.0 (7)	8.0 (7)	23.0 (20)	13.8 (12)	27.6 (24)	100.0 (87)
合计	9.8 (24)	6.6 (16)	11.1 (27)	6.1 (15)	28.7 (28)	11.5 (28)	26.2 (64)	100.0 (244)

在生育率不断下降的过程中,鼓励性生育政策是目前一些国家已经采用的生育政策,世界人口形式的转变使许多国家调整生育政策,欧洲、东亚以及大洋洲的一些国家推行鼓励生育措施,并不断加强政策力度,效果却不尽如人意。在低生育率的中国,人口形势依然严峻。2016年开始实施"普遍二孩"政策标志着我国生育政策迈出了重要的一步。生育率的下降是否可以得到控制并达到一个适度水平,政策的效用有多大,将是笔者关注的重要问题。

在长期处于低生育水平的宜昌,项目组进行了大胆尝试,以期望更加准确地把握人们的生育意愿。在本次调查中,项目组在了解了育龄妇女的生育意愿之后,进一步对育龄妇女的生育行为进行了正向激励试验,考察育龄妇女对生育政策的响应程度,从而分析提高生育率的激励政策效果以及未来生育率回升的可能性。

激励政策实验主要是针对"不想要"和"没想好"的妇女,询问她们对于激励后再生育的态度。激励政策的模拟试验包含四个方面的内容：第一，抚养补贴。"如果对第二个孩子，每个月发放抚养补贴100元，直到孩子18周岁，你会再生育吗"；第二，婚嫁保险。"如果对第二个孩子，由国家提供2000元的婚嫁保险，你会再生育吗"；第三，入托免费。"如果对第二个孩子，实行入托或入幼儿园免费，你会再生育吗"；第四，农地补贴。"如果对第二个孩子，直接追加分配一人份的田地和宅基地，你会再生育吗"。每个题目有5个选项，依次为"会""可能会""不知道""可能不会"和"不会"。激励政策实验的有效样本量是606个，实验效果如表4-12所示。

表4-12　　　　　　　　　　激励政策实验效果(%)

婚居模式		激励政策响应				
		会	可能会	可能不会	不会	不知道
从夫居	抚养补贴	8.6	20.3	6.3	57.8	6.6
	婚嫁保险	9.3	19.6	9.3	53.2	8.3
	入托免费	16.3	25.6	4.7	48.8	4.3
	农地补偿	9.3	17.6	6.0	60.5	6.3
从妻居	抚养补贴	9.2	31.6	5.3	44.7	9.2
	婚嫁保险	5.3	27.6	9.2	51.3	6.6
	入托免费	6.6	36.8	5.3	44.7	6.6
	农地补偿	5.3	28.9	7.9	52.6	5.3
单独居住	抚养补贴	10.5	16.2	4.8	63.8	3.9
	婚嫁保险	7.4	17.0	7.4	64.2	3.1
	入托免费	11.4	21.4	4.4	60.3	1.7
	农地补偿	7.9	14.4	6.6	67.7	2.6

从总体上看，不会响应激励政策的比例占每一项的绝对多数，大部分在50%以上，其中单独居住不会响应政策的达到60%以上，从妻居的此项比例相对较小，她们可能会响应政策的比例最高，基本在30%左右，而其他两种模式的妇女可能会响应政策的均在20%上下，或者更低。

当妇女对激励政策试验的回答为"会"或者"可能会"的时候，我们称其对激励政策产生了响应，会在政策的影响下改变自己的生育选择，因此两者的比重之和就是政策响应的总效果，如图 4-1 所示。

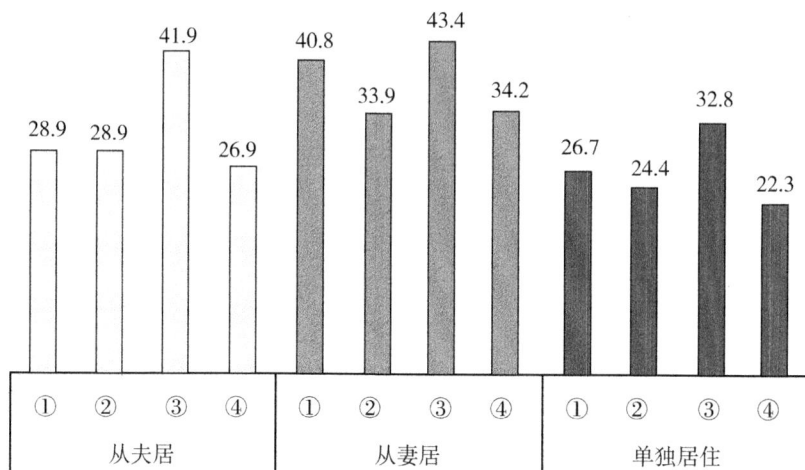

图 4-1　不同婚居模式下育龄妇女的激励总效果

注：图中序号分别是：①抚养补贴，②婚嫁保险，③入托免费，④农地补贴。

从三种婚居模式的对比可以看到，从妻居模式下每一项激励政策的响应比重均高于其他两种模式，也就是说激励政策对于从妻居妇女的效果最大，而激励政策对单独居住的夫妇来说效果是较小的。分不同政策来看，子女早期教育补贴的政策激励效果更为明显，三种婚居模式的妇女在入托免费的激励政策下改变生育选择的可能性最高，依次是从妻居的 43.4%，从夫居的 41.9% 和单独居住的 32.8%。在抚育补贴的激励下，从妻居响应比例达到 40.8%，而从夫居和单独居住的均不足 30%。婚嫁保险激励和农地补偿激励对从妻居家庭的激励作用基本相当，达到 33.9% 和 34.2%，而其他两种模式都不足 30%。

由此可以看到，正是由于从妻居的育龄妇女潜在的再生育意愿较高，她们受到政策激励的效果明显。农村家庭越来越重视子女的抚育和教育，他们的生育决策已经从传统的多子多福、养儿防老、传宗接代的观念转变为实现子女从数量到质量的替代，因而此类激励政策更容易对他们产生效用。

从夫居的妇女正在犹豫是否要二孩的最多，即使想要二孩，她们的二孩等待时间也是最长的。激励政策对她们具有一定的效果，但影响不及从妻居。从夫居的妇女容易陷入两难境地，婆家的生育需求和自身的生育意愿发生冲突。当今妇女，特别是年轻妇女生育观念发生改变，倾向于少生，但是公婆的生育观念偏向传统，倾向于多生或者一定程度的生男偏好。在取消二孩的生育限制下，公婆的生育观念具有实现的基础，于是妇女会在两种生育观的作用下放缓生育选择，延长等待时间。

从妻居的妇女生育二孩的意愿高于从夫居和单独居住模式下的妇女，她们二孩递进的速度最快，并且在激励政策下更容易改变生育选择而生育二孩。此处的发现与杨菊华（2007）的研究结果有些差异，她发现从夫居的妇女二孩递进的速度更快，特别是头胎是女儿的妇女会生育二孩，且希望生儿子的压力大，以便借此建立自己在婆家的地位，因此会加快生育二孩的步伐。形成这种差异的原因主要就在于地区的男孩偏好程度。本地的男孩偏好较弱，人们对生男生女基本呈无所谓的态度（穆光宗、苗景锐，2003），甚至有些女孩偏好。所以，尽管是从夫居的妇女，她们本身在地方生育文化的熏陶下并不会因为要生男孩而在婆家多生或早生，生不生男孩与她们的家庭地位也不会有直接的关联。相反在从妻居家庭内，女儿与父母同住，本身与父母有天然的感情联系，沟通交流更为亲密，因此再生育时父母可以为女儿提供家庭支持和照料，相比婆媳之间，在生活和育儿上父母与女儿之间的矛盾相对较少或者化解矛盾的方法更多。因此，在农村为妇女生育提供的社会支持资源相对较少的情况下，家庭支持系统的相对优势可以提高妇女的再生育意愿以及二孩递进速度。

单独居住的妇女不想要二孩的比例最高，激励政策对她们的效果最差，但是如果有生育二孩的意愿，她们生育二孩的步伐相对较快，但不及从妻居，但同时也有较多的人仍然犹豫生二孩的时间。出现这种情况的主要原因还在于生育观念的改变和家庭支持资源的不足，后者的影响更大。在单独居住的小家庭内，即使妇女有再生育意愿，往往也会受到没有人帮忙照顾的限制。

在低生育率地区，婚居模式变革使地方的生育观念趋于理性，没有性别偏好。妇女没有生育男孩的压力，因此在生育意愿上并不是非常强烈，主要根据家庭的发展情况来决定。地区内性别平等的推进与女儿养老的进程互相影响。

二、对女儿的养老角色期待

通过婚姻制度的变革实现的女儿养老，其目的不仅仅是保证女儿赡养父母的重要作用，对家庭关系与家庭继替的需求与维系也是重要的目标之一。在社会转型和变迁的关键时期，个体为了更能适应社会和生活的变化，以家庭为出发点，对家庭结构、家庭生计、家庭分工、婚姻制度等制度和观念做出调整，在整体上是策略性的。个体要关照的不仅仅是自己生活的舒适和方便，整个核心家庭甚至血缘关系结合的亲属关系可能会产生的变化，都是考虑的重点，因此在社会变动的时期，个体对家庭和血缘关系的认同，在某种程度上会得到进一步的加强(麻国庆，2016)。以婚姻制度的方式将女儿纳入家庭中并赋予正式的身份和权利，是当今结构简单的小家庭对以血缘关系为基础的最亲密的亲属关系的维护所做出的一种策略安排。核心家庭是结构简化的家庭形式，家庭中的基本三角结构维持着家庭的延续和发展，如果女儿通过婚姻离开核心家庭，那么这一基本的三角结构就开始松动，因此保证家庭稳固的一个策略选择就是打破传统的"嫁出去的女儿泼出去的水"的观念和制度安排，将女儿赋予正式的家庭成员身份、权利与义务，使建立在亲密的血缘之上的亲属关系得到长久维系。

第五章　女性权利获得与能力
辅助型女儿养老

　　婚姻制度可以将女儿变成家庭养老的正式承担者，因此在新型的婚姻制度下女儿是以正式身份介入老年父母的赡养。但是在没有流行新型婚嫁模式的地区，女儿没有被赋予养老的正式身份，被排除在传统文化伦理之外，那么她们又是如何参与父母赡养的呢？相对于正式身份，此时，女儿是以非正式身份介入的，因此本章主要分析在没有婚姻制度的约束下农村女儿参与养老的机制，通过家庭策略的分析视角建构农村女儿养老的一般逻辑。

　　从家庭策略的角度来看，女儿以非正式身份介入父母的养老过程既包括女儿的主动选择，也是父母改善养老状况的一种策略性行动。外嫁女儿能够介入到娘家父母的养老行为与女儿自身的能力有关，如受教育程度的提高、经济能力的增强都为女儿提供父母养老奠定了基础。父母通过居住安排、教育投资等策略性安排来保障子女的支持资源。在人口流动造成的家庭子女外流后对父母赡养的不足，往往男性的迁移流动频率更高，儿子养老面临种种困难，特别在老人照料支持上力不从心。而当前农村家庭的养老观念发生重大变化，依靠子女养老的观念不断弱化，伴之以依靠自己劳动和储蓄来养老的观念逐渐强烈，希望子女提供的养老支持更多地转向情感的慰藉与无自理能力时的日常照料，因此，女性作为女儿身份具有养老支持的能力与资源，能够在儿子养老遇到困难时提供辅助的养老支持以填补父母的养老缺失，实现家庭养老的均衡。

　　外嫁女儿以非正式身份介入父母养老的实质就是基于女儿养老能力的提升，在社会养老保障制度不健全的情况下保证农村家庭的养老运行。这种女儿养老类型可以称为能力辅助型。本章利用农村调查数据，对外嫁女儿的养老行为现状、影响因素以及农村家庭中父母对女儿养老的需求与养老观念特征来分析女儿养老现象。

第一节　数据与样本基本描述

一、数据介绍

本章的数据来源于 2013 年 7 月中南财经政法大学湖北省人口与发展研究中心对湖北省 4 个县市的农村家庭进行的入户调查。调研地点包括荆州市所辖的松滋市、孝感市所辖的汉川市和孝昌县、黄石市所辖的阳新县。调查采用的是分层与整群抽样相结合的方式，在这 4 个县市分别抽取 2 个乡镇或开发区，每个乡镇抽取 3~6 个村，对 34 个村的 1489 位受访者年龄在 49~75 岁的农村家庭进行了入户调研。本次调查主题为"农村家庭生计与发展能力调查"，具体包括人口家庭信息、经济社会信息、家庭经济状况、家庭生产和金融状况、政策评估这五个部分。调查共发放调研问卷 1500 份，收回有效问卷 1489 份，回收率为 99.27%。

本次调查选取受访者年龄为 49~75 岁的农村家庭为调研对象，这一年龄段农村家庭的生育决策已经完成，并且其子女的出生恰好赶上了计划生育政策在中国的实施。这样就可以对不同子女数量和性别的农村家庭进行比较分析。

二、样本的基本情况统计分析

本部分选取 1453 个有效样本，基本样本统计描述如表 5-1 所示。受访者个人特征的基本情况如下：从年龄分布来看，49~59 岁的受访者占总样本的 52.2%，60~69 岁的为 36.5%，70~80 岁的为 11.3%；男性受访者占 36.0%，女性受访者占 64.0%；大部分受访者的配偶健在；受教育程度的分布情况是文盲为 34.1%，小学或扫盲班 34.7%，初中为 22.0%，高中或中专为 8.7%，大专及以上为 0.6%；绝大多数是农业户口，非农业户口只占 2.8%；由于受访者大多数是处于中老年阶段，高龄老年人较少，因此大部分的受访者身体健康状况处于良好，还有 21.1% 的受访者身体状况较差，1.1% 的受访者是残疾人；在职业状况分布上，70% 左右是从事纯农业劳动，6.3% 的受访者属于半工半农状态，有外出务工经历的受访者只占少部分，87.7% 的受访者没有外出务工经历；在购买养老保险方面，新农保参保率较高，90% 以上的受访者参加了或正在享受新农保，大部分人选择 100 元档次，还有 7.2% 的人选择了 100 元以上的新农保缴费档次，但是商业型保险的购买率相对较低，只有 10.5% 的人购买了商业型保险。

关于受访者的生育状况，有 59.3% 的受访者有 3 个及以上子女，32.3% 的受访者有 2 个孩子，1 个孩子的受访者比例是 8.1%。呈现这种分布的情况与受访者的年龄有关，根据计划生育政策在湖北省的实施历程进行划分，49~59 岁家庭多集中在计划生育政策实施以后才开始生育的家庭，也就是受访夫妇平均年龄在 60 岁以下的家庭；70 岁以上的家庭集中在计划生育政策实施以前就结束生育的家庭，也就是受访者平均年龄在 70 岁以上的家庭；60~69 岁的家庭居于两者之间。这就说明 60 岁以下的群体中可能根据计划生育的实施而限制生育数量，一般生育 1 至 2 个孩子，而 60 岁以上的群体可能的孩子数在 3 个及以上。

关于受访者的家庭特征，调查主要统计了受访者的家庭经济状况，从主观自评与客观的收入层次来划分。接近一半的受访者认为家庭条件一般，22.3% 的受访者人认为家庭条件处于中下等，21.2% 的受访者自评家庭条件较好，处于中上等，有 12.2% 的受访者自评家庭条件较差。从 2012 年家庭总收入来看，41.8% 的家庭收入在 1 万元至 3 万元之间，22.2% 的家庭收入在 3 万元至 6 万元之间，5000 元以下的占 12.5%，5000 元至 1 万元的有 14.5%，少数家庭收入较高在 10 万元以上，占 2.3%。

关于养老观念方面，在养老方式上靠子女是主流的选择，达 74.0%，11.2% 的人希望靠自己储蓄养老，5.8% 的人买了养老的商业保险，85.1% 的人没有为自己存养老钱，14.9% 的人存了养老钱，超过 60% 的人并不认为新农保会给自己带来养老保障，并认为新农保的保障标准太低。

表 5-1　　　　　　　　　　　　样本的基本统计描述

指标	频数	百分比	指标	频数	百分比
年龄(岁)			生育子女数量		
49~59	759	52.2	0 个	4	0.3
60~69	530	36.5	1 个	118	8.1
70~80	164	11.3	2 个	470	32.3
性别			3 个及以上	861	59.3
男性	523	36.0	最远足迹		
女性	930	64.0	本县	449	30.9
婚姻状况			本省外县市	391	26.9

续表

指标	频数	百分比	指标	频数	百分比
配偶健在	1269	87.3	外省县市	613	42.2
丧偶	184	12.7	村庄到县城距离(千米)		
文化程度			0~10	606	41.7
文盲	495	34.1	11~20	343	23.6
小学或扫盲班	504	34.7	21~30	249	17.1
初中	319	22.0	31~40	179	12.3
高中或中专	127	8.7	41 及以上	76	5.2
大专及以上	8	0.6	家庭条件(主观)		
户口性质			中上等	307	21.1
农业	1413	97.2	一般	645	44.4
非农业	40	2.8	中下等	324	22.3
身体健康状况			下等	177	12.2
健康	678	46.7	2012 年家庭总收入(元)	28580.97	31011.36
一般	453	31.2	家庭收入分组		
差	306	21.1	5000 元以下	182	12.5
残疾	16	1.1	5001~10000	210	14.5
目前工作情况			10001~30000	608	41.8
非农管理类	79	5.4	30001~60000	322	22.2
一般工人	28	1.9	60001~100000	97	6.7
个体养殖户	4	0.3	100001 元以上	34	2.3
纯农业劳动者	991	68.2	养老方式意愿		
半工半农	92	6.3	靠子女	1074	74.0
其他	259	17.8	自己攒钱	163	11.2
有无外出务工经历			进养老院	3	0.2
有	179	12.3	买了养老商业保险	84	5.8
无	1274	87.7	没考虑	115	7.9
新农保参与情况			其他	14	1.0

指标	频数	百分比	指标	频数	百分比
100 元档次	698	48.0	是否存养老钱		
100 元以上档次	104	7.2	是	216	14.9
没有参加	135	9.3	否	1237	85.1
正在领取	516	35.5	新农保会带来老年保障		
是否购买商业保险			是	559	38.7
是	152	10.5	否	894	61.3
否	1301	89.5			

第二节　女儿的养老行为现状

一、农村老年人的家庭结构分析

老年人生活的家庭结构与养老保障方式具有密切的关系。随着中国老龄化的加剧，老年人口规模和比例以较快速度增长和扩大，整个社会的养老保障面临巨大压力。在人口转变与社会变迁的冲击下，我国的家庭发生巨大变迁，家庭结构、家庭关系和家庭功能都发生了变化。家庭结构的变化对家庭传统的养老功能产生重要影响。

家庭结构的变动受到人口、社会与经济发展的深刻影响，现阶段对家庭结构变动影响较大的因素主要是生育政策带来的生育率下降，人口老龄化的加深以及城市化进程中人口迁移流动的增加（王跃生，2013）。生育政策是现代中国家庭变迁的重要原因之一。严格的生育控制政策实施以来，低生育水平逐渐形成并保持，特别是第一代独生子女逐渐长大成人，人口老龄化加重，老年人群体扩大。社会经济的发展进程深刻影响着人们的行为选择，随着城市化发展产生了大量外出务工人员，他们的行为冲击着当代家庭的变迁。另外住房状况的改善也会带来家庭结构的变化，为其创造条件。农村因独子增多、家内利益冲突降低，劳动力流动就业背景下代际互助要求增加，成为直系家庭维系的重要力量。

许多学者根据人口普查数据来分析我国家庭结构的变动。杜鹏（1999）通过 1982 年和 1990 年人口普查数据对老年人居住方式的分析指出，虽然中国家庭总体上正趋于核心化，但就老年人家庭而言，三代户仍然是最主要的居住方式，而且随着老年人年龄的增大，其比例趋向于不断提高。曾毅、王正联(2004)认为中国家庭正在向现代型转型，家庭规模大幅下降。20世纪90年代以来，成年子女与老年父母同住的家庭结构呈下降趋势，但老年人独居的比例远远小于西方国家。2000年三代扩展家庭(祖父母与孙子女户，或称隔代家庭)为1.89%，相比1990年的0.67%和1982年的0.71%有所增加。这种现象在改革开放以后特别是20世纪90年代后期开始增加，主要是青年夫妇和中年夫妇到东南沿海地区打工，将孩子留在家里所致，这类家庭在2000年是同期美国的5.2倍。王跃生(2013)利用2010年人口普查数据得到家庭结构的最新动态，主要表现为核心家庭比例明显下降，单人户显著上升，直系家庭没有降低反而略有增加。农村核心家庭构成降幅较大，单人户提高，直系家庭上升。农村中年和低龄老年人独居成为一种重要的生活方式。彭希哲等(2015)同样运用人口普查数据研究家庭老龄化问题。我国家庭的老龄化现象越来越严重，一方面有老年人的家庭比重上升，另一方面家庭中老年人口比重增加。2010年我国内地有60岁和65岁及以上老年人的家庭数量分别为1.23亿户和8803.6万户，占全部家庭的30.6%和21.9%，其中约2/3的家庭中有1个老年人，特别是"纯老家庭"(全部由老年人组成的家庭)较多，接近3000万户，这类家庭在农村居多，家庭中有3个及以上老人的比例也在不断增加。

人口普查数据反映了家庭结构变动的总体趋势：在老年人的家庭构成中，直系家庭保持着一定比例，但是老年独居、隔代家庭以及纯老家庭呈增长趋势并且占相当比例。这些非传统的家庭类型对老人养老产生重要影响，并且越来越难以应对中国社会转型过程中的各项结构性冲击，它们具有极大的脆弱性。

人口普查数据只能反映家庭基本特征，一些特殊情况得不到体现，因此难免存在一些偏差。王跃生(2009)通过宏观普查数据和微观村庄数据结合发现普查数据在一定程度上高估了老年直系家庭的存在比例，微观村庄调查数据显示老年直系家庭约占四分之一，明显低于普查数据结果。农村只有一个儿子的老年人在直系家庭生活的比例较高，但有多个儿子的老年父母与已婚儿子分居成为主流，他们失去生活自理能力后，由诸子轮流赡养占较大比例。因此微观数据能够更直观地反映出家庭结构存在的现实状况。

对独生子女家庭的研究表明，子女的婚姻状况是影响他们家庭结构变化的主要原因，他们的家庭结构与同龄非独生子女家庭差异明显。独生子女家庭的空巢比例是19.0%，小于非独生子女家庭的28.7%(风笑天，2009)。但这项研究没有考察独生子和独生女家庭结构的差异。

　　关于家庭结构变动的研究大多依靠普查数据发现家庭结构的变化特点，描述基本规律，但宏观数据的分析容易忽视特殊性。另外在分析老年家庭结构的变化时，学者们往往关注由存活儿子数量带来的家庭结构安排的变动，或者将儿子和女儿统一起来分析，较少将女儿这一影响老年家庭结构的因素单独列出，这可能是因为女儿的作用并没有儿子明显。但在当前人口转变与家庭变迁的背景下，女儿在家庭中的地位越来越重要，家庭中性别角色逐渐发生改变，对家庭的制度安排有着重要影响。本部分结合 2013 年农村调查数据，将子女结构作为分析家庭结构变迁的维度，描述分析不同家庭子女数量和性别结构的老人的家庭结构。

　　本章主要考察以下几种家庭结构类型：标准核心家庭、直系家庭、空巢家庭、复合家庭、单人家庭及隔代家庭。空巢家庭（或称夫妇核心家庭）是子女长大或成婚离家后老一代父母独自生活的家庭。由于样本是家庭中妇女年龄在49 岁及以上的家庭，此时的家庭一般子女都已成年，家庭中因子女成年外出就业以及成婚而离家的情况具有普遍性，老一代空巢家庭的比例反映出这一特点。此外在人口迁移流动的背景下，农村年轻夫妇进城务工而留下子女由老一辈父母照顾促使隔代家庭增多。

　　根据受访者实际同住家庭成员信息（现在和受访者一起共同生活、共担开支、共享收入的所有人员，即同在一口锅吃饭。不仅包括由于血缘、婚姻和收养关系组成的父母、子女，还包括兄弟姐妹等其他人员）来判断家庭结构的类型。根据受访者年龄将受访者分为三个年龄段，49~59 岁为准老年家庭，60~69 岁为低龄老年家庭，70~80 岁为中龄老年家庭（80 岁之上为高龄老年人，本数据中没有包括高龄老人的样本）。家庭结构类型的分布如表 5-2 所示，在农村中老年家庭中，核心家庭是最大的家庭类型，其中以夫妇核心家庭（空巢家庭）最多，一半以上的家庭是空巢家庭，其次是标准核心家庭为 18.9%，直系家庭是第三多的家庭类型，占 14.9%，复合家庭是最少的家庭类型，表明当代家庭小型化核心化的趋势明显。此外单人家庭占 7.2%，多是由于老年家庭丧偶而独居的老人。隔代家庭占比 3.0%。由于没有纵向的微观比较的数据，无法提出隔代家庭的发展趋势，但从王跃生（2013）根据 2010 年和 2000 年人口普查数据的比较分析，2000 年县的隔代家庭比例为 2.41%，2010 年县的隔代家庭占 3.89%，从全国人口普查数据来看，1982 年隔代家庭比例为0.95%，1990 年为 0.91%，2000 年为 2.11%，2010 年为 2.78%，隔代家庭呈现增加的趋势明显。

表 5-2　　　　　　　　　　农村的家庭结构分布

家庭类型	频数	百分比
标准核心家庭	274	18.9
直系家庭	216	14.9
空巢家庭	783	53.9
复合家庭	33	2.3
单人家庭	104	7.2
隔代家庭	43	3.0
合计	1453	100

从家庭类型与子女结构的交叉分析来看，有以下几个明显的特点(见表 5-3)。第一，独子更可能与父母同住，而独女与父母同住的比例较低。独生子户形成直系家庭的比例是独女户的一倍之多，独生子户直系家庭的比例是 40.9%，独女户为 20.7%。在传统的家庭制度下父母更可能与独生儿子同住，与独生女儿同住的比例大大降低。在农村地区女儿与父母同住的情况增加一定程度上改变了从夫居的模式，但是总体上比例并不高。第二，独女户的隔代家庭数量最多。父母为独生女儿照顾孙子女的家庭相比其他子女结构的家庭数量最多，为 10.3%。独女婚后不与父母同住，但将孙子女交给女方父母照顾的现象在农村增加。这种现象表明女儿在发展姻亲关系中取得了较大的成果，姻亲关系变得很重要。

表 5-3　　　　　　　　家庭类型与子女结构交叉(%)

子女结构 家庭类型	独生女户	独生子户	双女户	双子户	一儿一女	三个孩子	四个及以上
标准核心家庭	20.7	29.0	23.8	19.9	23.7	13.9	17.1
直系家庭	20.7	40.9	15.9	12.3	17.9	13.4	9.9
空巢家庭	41.4	26.9	49.2	54.8	48.1	59.9	58.6
联合家庭	—	—	6.3	4.1	1.1	2.1	1.9
单人家庭	6.9	1.1	1.6	3.4	4.2	8.1	11.2
隔代家庭	10.3	1.1	3.2	5.5	5.0	2.6	1.3

　　从老年人家庭结构的分布情况可以间接看出女儿与父母的代际互动，独生女儿与父母同住的比例低于独生儿子，父母为独生女儿带孩子的情况增加。独女户和纯女户都存在与父母同住的现象，这一现象主要来自通过婚嫁模式的变革而实现的，只是目前来看这一现象的比例相对较低。女儿与父母同住改变了家庭养老的传统模式，打破了传统的儿子养老的规则。这部分女儿与父母同住养老的情况一般来说就是本研究所说的女儿的正式介入养老类型，如本书第四章内容所描述的情形。那么，除此之外，那些不受婚嫁模式影响的不同住的女儿对父母的养老支持情况如何？在没有通过正式的身份规定养老责任的情况下，不同住女儿为父母提供了哪些养老支持呢？

二、不同住女儿的养老支持情况

　　本节主要选择两个孩子的家庭，并且是一儿一女的家庭来分析，在与儿子养老支持的对比中体现女儿的养老作用。如果家庭中有儿子和女儿，那么一般情况下老人更可能与儿子同住，因此女儿们一般都是不同住的。这些不同住女儿的养老支持情况就是我们的研究对象。

　　从表5-3可以看到，样本中有一儿一女的家庭，形成直系家庭的比例是17.9%，仅次于独子和独女户。空巢家庭的比例也相对低于两个及以上孩子的家庭。因此，在分析不同住女儿的养老行为时主要针对家庭中有儿子和女儿的家庭，从儿子和女儿的养老行为差异中进行分析。已婚女儿基本不与父母同住，女儿对父母的养老责任也因为有儿子的存在以及居住的原因而弱化。那么女儿是否有赡养行为，又是如何进行的？本部分选取样本中有一儿一女的家庭来分析不同住女儿对父母的养老支持情况。一儿一女户的样本共有262户，占全部样本的18.03%，其中不同住女儿231人，剔除信息不全的样本得到不同住女儿的有效样本数是228个，女儿的平均年龄34.38岁。

　　不同住女儿的养老支持行为主要从以下几个方面展开分析（见表5-4）。总体来看，不同住女儿为父母提供养老支持主要体现在情感联系和经济支持方面，较少以共居的形式提供养老支持。

表5-4　　　　　　　农村不同住女儿的养老支持情况（n=228）

	样本数	百分比
联系频率		
每周1次以上	161	70.6

	样本数	百分比
每月 1 次	41	18.0
半年 1 次	14	6.1
每年 1 次	5	2.2
几乎不联系	7	3.1
是否到女儿家住		
是	62	27.2
否	166	72.8
是否提供经济支持		
是	148	66.1
否	76	33.9

（一）情感联系：不同住女儿与父母的情感联系较多

不同住女儿与父母的情感联系比较紧密，70%以上的不同住女儿与父母有着频繁的联系，每周联系 1 次以上。其次是联系频率在每月 1 次，占 18.0%，另外 10% 左右的不同住女儿与父母的联系频率在半年 1 次或更少。由此可见，不同住女儿在农村父母的情感联系方面起着重要作用，绝大部分不同住女儿通过频繁的联系为父母提供情感关怀。

（二）共居时间：父母到不同住女儿家居住的概率低，且居住时间短

传统观念认为，女儿嫁出去就是别人家的人。因此到女儿家居住就会被当作是到外人家做客，显得十分拘谨和不自在。在农村传统观念根深蒂固的影响下，大部分人不会选择到女儿家居住，72.8% 的父母没有到女儿家居住过，只有 27.2% 的父母到女儿家居住过。从居住时间的长短来看，父母到女儿家居住的年内平均共居时间只有 18 天。

（三）经济支持：大部分不同住女儿为父母提供经济支持

66.1% 的不同住女儿会为父母提供经济支持。经济支持的具体金额主要根据家庭经济条件和收入状况来衡定。不同住女儿的年平均经济支持量是 1784.37 元，最高支持金额是 5 万元。从受访者的家庭经济收入来衡量，不同

住女儿的经济支持量对父母的经济状况具有一定的影响。

三、纯女户的老年生活质量

(一)老年生活质量的指标设定

生活质量(quality of life)是一个多元化的概念,又被称为生存质量、生命质量等。从个体层面来看,生活质量是个体对生活中的文化、价值体系背景中的生活状况的感知,这种状况与其目标、期望、标准和关注往往密切相关,它以一种复杂的方式将个体的健康状况、心理状态、社会关系等融合在一起(周长城、刘红霞,2011)。福利经济学家庇古在其著作《福利经济学》中描述福利的非经济方面时第一次使用了生活质量一词。1958年加尔布雷斯在其著作中提出生活质量的概念,开启了生活质量领域的研究,后来很多学者对生活质量这个概念进行界定,并尝试建立起指标体系。但至今生活质量的概念和评价指标尚无定论。

一般来说,生活质量的测量指标包括主观感受和客观评价两个方面,本研究也从主观和客观层面来分析老年人的生活质量。老年人的生活质量是指老年人对个人及其生活的家庭在一定时期内的家庭条件的主观评价及对自身健康状况、生活环境、消费水平、社会交往的综合感受。

主观生活质量评价主要是从个体的心理感受出发,家庭条件的主观自评是反映受访者对自身家庭条件的满意度。那么对家庭条件水平评价较高的人,他们对自己的家庭生活比较满意,代表较高的生活质量。反之,则代表生活质量的满意度较低。

客观生活质量评价包括健康状况、生活环境、消费水平以及社会交往。第一,健康状况从受访者的健康状况自评和身体活动能力两个指标来衡量,涵盖了主观的和客观的健康测量维度;第二,生活环境主要考察家庭的硬件设施条件,一般来说,家庭的住房条件越好,他们的生活质量越高,更加追求生活品质。在住房条件上,主要通过对家庭地面建筑材料和做饭主要能源来衡量。第三,消费水平代表一定的家庭经济水平,同时也能体现家庭对生活质量的追求。在具体指标选择上考虑农村家庭的吃饭与购物水平。第四,社会交往。每个人都处于一定的社会关系中,丰富的社会网络资本能够为个人和家庭带来较好的生存环境和心理归属感。因此,笔者将社会交往作为对生活质量的一个评价指标。在本研究中,老年人家庭的社会交往状况将主要通过交往的亲戚朋友数量以及人情支出的水平来衡量。

（二）纯女户的老年生活质量描述分析

本研究中纯女户家庭主要包括独女户和双女户家庭，有效样本数为92个，包括29个独女户和63个双女户。我们将其他家庭统称为"有子户"，即有儿子的家庭，并且剔除没有子女的家庭，因此得到有子户样本1357个。纯女户占比6.3%，有子户占比93.7%。通过纯女户和有子户的对比，能直观地观察到纯女户家庭的老年生活质量。下面将从主观和客观两个维度的指标进行对比分析。

1. 纯女户的主观家庭条件评价高于有子户

从主观方面衡量生活质量，本研究选择老年人对自己的家庭条件与同村其他家庭对比的主观分层归类，将家庭条件分为五个档次。在老年父母对家庭条件的自评分析中，以同村其他家庭为参照，纯女户的家庭条件自评高于有子户，从表5-5来看，纯女户自评家庭条件处于上等和中上等的比例都高于有子户，而自评家庭条件处于下等的比例又低于有子户。由此可见，纯女户家庭中老年父母对自身家庭条件的满意度高于有子户。

表5-5　　　　　　　纯女户和有子户的家庭条件自评交叉分析（%）

	上等	中上等	一般	中下等	下等	合计
纯女户家庭	5.40 （5）	17.40 （16）	46.70 （43）	20.70 （19）	9.80 （9）	100.00 （92）
有子户家庭	3.80 （52）	17.20 （233）	44.20 （600）	22.50 （305）	12.20 （166）	100.00 1356
合计	3.90 （57）	17.20 （249）	44.40 （643）	22.40 （324）	12.10 （175）	100.00 （1448）

注：括号内为相应的样本数。

2. 纯女户家庭的老年健康状况好于有子户

和同龄人相比，纯女户家庭的父母健康状况好于有子户家庭。健康自评是衡量受访者相比于同龄人的健康状态感受，从表5-6可以看到，在受访者健康自评中，纯女户家庭的健康自评高于有子户家庭，有57.6%的纯女户家庭的老年父母自评身体健康，这一比例高于有子户家庭的45.8%，而在健康状况差的选项中，有子户的老年父母健康状况差的比例超过1/5，高于纯女户家庭的16.3%。活动能力类型是对受访者的身体素质的客观测量指标。在活动能力类型的分布上，可以看到纯女户家庭的老年活动能力好于有子户，大部分的纯女户家庭的老年活动能力正常，占比 71.7%，而有子户家庭在这一选项上是 52.8%。

表 5-6　　　纯女户家庭和有子户家庭的老年健康状况对比表(%)

	健康自评				活动能力类型				
	健康	一般	差	残疾	类型一	类型二	类型三	类型四	类型五
纯女户家庭	57.60	26.10	16.30	0.00	71.70	16.30	9.80	1.10	1.10
有子户家庭	45.80	31.60	21.40	1.20	52.80	34.00	9.70	2.80	0.70
合计	46.50	31.30	21.10	1.10	54.00	32.90	9.70	2.70	0.70

注：类型一到类型五代表活动能力依次递减，类型一是能正常活动；类型二是不能干很重农活但能做轻活；类型三是不能做任何农活，但能做一些轻的家务活；类型四是不能做家务，但生活能自理；类型五是生活不能自理。

3. 纯女户的家庭生活环境优于有子户

家庭生活环境是考察生活质量的一个重要客观指标，考虑到农村的实际情况，我们选择农村住房的地面建筑材料和做饭主要能源两个指标进行分析。它们可以反映人们对生活品质的追求和享受，运用较好的地面材料和比较方便的做饭能源，代表家庭生活环境较好。总体上来看，纯女户的家庭生活环境好于有子户家庭。从表 5-7 可以看到，在地面建筑材料上，水泥是大多数家庭的地面材料，纯女户和有子户都有超过一半的家庭是水泥地面，纯女户家庭的比例是 54.3%，少于有子户的 61.5%。但是在瓷砖地面上，纯女户家庭远高于有子户的比例，前者 33.7% 高于后者的 20.2%。木地板是档次最高的地面建筑材料类型，它只占农村家庭的少数，但纯女户家庭是木地板的比例高于有子户，前者比例是 2.2%，后者是 1.5%。在做饭主要能源的选择上，柴草是使用最多的能源，也是最原始的能源，而煤气、电则属于现代的能源。纯女户家庭在柴草的选择比例上低于有子户家庭，在电的使用上高于有子户家庭，而在煤气的使用上两类家庭基本相当。这就表明，纯女户家庭在做饭主要能源上略高于有子户家庭。综合以上两类指标，纯女户家庭相对于有子户家庭来说，对生活环境的质量要求略高，生活环境较好。

表 5-7　　　　　　　纯女户和有子户的家庭生活环境对比(%)

	地面建筑材料							做饭主要能源				
	土	砖	水泥	瓷砖	石板	木地板	其他	柴草	沼气	煤	煤气	电
纯女户家庭	5.40	3.30	54.30	33.70	1.10	2.20	0.00	32.60	15.20	0.00	32.60	19.60
有子户家庭	9.90	5.70	61.50	20.20	1.20	1.50	0.10	46.80	4.70	1.00	34.80	12.70
合计	9.60	5.50	61.00	21.00	1.20	1.60	0.10	45.90	5.40	1.00	34.60	13.10

4. 纯女户更注重炫耀性消费，而有子户偏重于基础消费

日常消费习惯是反映人们对生活质量追求的重要因素，我们选择了日常购买衣物地点和家庭最近半个月的肉食支出来衡量，分析结果见表 5-8。在经常购买衣物地点的选择上，纯女户家庭的消费水平高于有子户家庭，纯女户家庭在县城、地级市和省城购买的比例远大于有子户家庭，在乡镇购买的比例基本在 1/3，而有子户家庭有 63.8%选择在乡镇购买。由此可见在经常购买衣物地点上，纯女户家庭更加注重消费品质。在家庭肉食支出方面，两类家庭基本都有一半左右的家庭没有花钱购买肉食，纯女户家庭的比例超过一半，为58.7%，而有子户家庭是 48.8%。在肉食消费的档次上，中等档次(51~100元)纯女户家庭的比例大于有子户，但在低档次和高档次花费上，纯女户家庭都少于有子户家庭。从这一指标来看，纯女户家庭的肉食消费水平低于有子户家庭。

出现这种现象的原因可能在于家庭对于基础消费和炫耀性消费①的选择。炫耀性消费具有社会属性，能够反映人们对地位、身份等的追求，对衣物的外在消费往往能够与其社会地位相关联。纯女户家庭比有子户家庭更注重炫耀性消费，以此来显示社会地位。在传统文化观念的影响下，生育儿子往往代表较高的地位，因此农村家庭往往以生男和多生男为最终目的。这种观念根深蒂固，深深影响农民的生活。在当前农村社会中，这种文化惯习依然存在，纯女户家庭没有儿子往往会被边缘化甚至歧视。因此通过炫耀性消费，纯女户家庭能够获得地位的表达。在日常的可见消费中，纯女户家庭会投入更多的资本。

———————

① 炫耀性消费是著名经济学家、社会学家凡勃伦在其著作《有闲阶级论》(1899)中提出的，炫耀性消费的目的是彰显自身的地位与价值。

表 5-8 纯女户家庭和有子户家庭的日常消费水平对比(%)

	经常购买衣物地点				家庭肉食支出			
	乡镇	县城	地级市	省城	0 元	1~50 元	51~100 元	101 元及以上
纯女户家庭	37.00	45.70	16.30	1.10	58.70	19.60	15.20	6.50
有子户家庭	63.80	31.50	3.90	0.80	48.80	30.50	11.40	9.30
合计	62.10	32.40	4.70	0.80	49.40	29.80	11.70	9.10

5. 纯女户社会交往的宽度和深度都高于有子户

社会交往状况反映家庭的社会资本积累,社会资本是家庭生计资本的重要方面,有助于家庭的可持续发展,同时也是衡量生活质量的重要指标。从亲友数量和人情消费状况可以看出社会交往的宽度和深度,如表 5-9 所示。在走动的亲友数量上,纯女户家庭在 16 户以上的比例高于有子户家庭 10 个百分点,在 11~15 户的层次上基本相当,而有子户家庭在 10 户以下的比例中高于纯女户家庭。在人情消费的金额上,在较高的两个消费档次上纯女户家庭都高于有子户家庭,5001~10000 元的人情消费上,纯女户家庭的比例是 31.5%,有子户家庭是 23.6%,在 10001 元以上的人情消费方面,纯女户家庭的比例是 13.0%,有子户家庭只有 7.5%。有子户家庭在 5000 元以下人情消费上的比例高于纯女户家庭。由此可见,纯女户在人情消费和走动的亲友数量上都高于有子户。

表 5-9 纯女户家庭和有子户家庭的社会交往状况对比(%)

	人情消费				走动的亲友数量(户)			
	1000 元及以下	1001~5000 元	5001~10000 元	10001 元以上	0~5	6~10	11~15	16 以上
纯女户家庭	16.30	39.10	31.50	13.00	14.10	34.80	23.90	27.20
有子户家庭	25.30	43.60	23.60	7.50	19.50	38.40	24.90	17.20
合计	24.70	43.30	24.10	7.90	19.20	38.20	24.80	17.80

从以上五个指标的分析来看，纯女户的老年家庭生活质量高于有子户家庭。纯女户改变了传统文化规范下由于没有生育儿子而带来的发展受阻，男性劳动力短缺等带来的家庭容易陷入贫困的局面。纯女户家庭在社会地位上获得了较大改善，生计能力具有较大的改善（石智雷、赵锋等，2014）。纯女户家庭的老年父母具有较好的生活质量，在主观感受、健康状况、生活环境、消费水平和社会交往上都具有比较优越的状态。

第三节　受教育权利获得对农村女儿养老的影响

贝克尔的孩子的数量-质量替代理论模型认为，随着收入的增加，家庭对孩子的数量和质量需求都出现增加趋势，但是人们更愿意让孩子受到更好的抚养和教育以提高孩子的质量。对孩子质量的需求弹性大于对数量的需求弹性。孩子质量的提高会增加花在每个孩子身上的价值（数量的影子价格），孩子数量增加会提高花在每个孩子质量上的成本（质量的影子价格），因此孩子质量提高会通过数量影子价格的上升而引起孩子数量需求的下降。家庭中孩子数量多，平均分配在每个孩子身上的医疗保健、教育费用等就少，孩子质量就会降低。

孩子的数量与质量之间的替代关系会影响到父母对子女数量的选择，在限制生育的情况下，孩子的数量限制与性别构成会极大影响父母的老年生活。在中国传统的儿子养老规范下，家庭更加重视生育男孩，并且重视对男孩的投资。男孩和女孩由于性别差异而受到区别对待。在家庭子女数量减少的情况下，家庭是否会更重视儿子的教育，以希望通过提高儿子的教育质量获得老年的保障和生活质量的提高。在对女儿的教育投资上又是如何选择的？一般来说劳动者的受教育年限越长，其人力资本回报率就越高，尤其是农村子女能够通过教育获得较好的职业选择，从而能够为父母的老年提供更多物质支持，提高生活质量。现代社会中，教育在决定个人生活际遇上起着越来越重要的作用（叶华、吴晓刚，2011）。受教育程度的提高在促进性别平等与性别角色转换上发挥重要影响。获得较高的教育直接影响职业的获得与向上流动，影响经济收入的改善。在家庭资源有限的情况下，家庭在对子女的教育投资上往往会产生性别差异。

随着我国的经济发展和社会进步，男女在教育上的差距逐渐缩小，但长久的重男轻女观念与家庭资源约束下，家庭更可能投资于男孩而非女孩的教育。不过这一状况在我国生育率下降、家庭子女数减少的情况下大大改变，很多家庭只有一个孩子，家庭的资源只能投资于一个孩子身上。在有儿有女的家庭中，父母会选择什么样的教育投资策略，是否存在投资的性别差异，子女的教育投资又是如何影响子女的养老支持？本节将通过数据分析，建构农村家庭老年人生活质量的影响因素模型，探讨儿子和女儿的教育水平对养老的影响。为了对比儿子和女儿的养老行为差异，本研究选取样本为一儿一女的家庭进行分析。

一、变量设置

本部分将选取总样本中有一儿一女的家庭户，共得到有效样本256个，占总样本的17.19%。因变量是老年生活质量。根据上文对老年生活质量的界定，将从以下四个方面来建立模型：主观家庭条件评价，老年健康状况（健康自评），家庭生活环境（地面装饰）和日常消费水平（家庭肉食支出）。自变量有两个，即儿子和女儿的教育程度，如表5-10所示。控制变量主要是老人个人特征变量，包括老人年龄、文化程度、配偶在否、工作情况。

表5-10　　　　　　　　　　　主要变量描述

变量	变量描述	样本数	百分比
因变量			
家庭条件自评	中上等	68	26.6
	一般	114	44.5
	中下等	74	28.9
健康自评	健康	142	55.5
	不健康	114	44.5
室内地面装饰	一般	166	64.8
	较好	90	35.2
近半月肉食消费	101元以上	27	10.5
	51~100元	35	13.7
	1~50元	72	28.1
	无	122	47.7
自变量			
儿子受教育程度	大专及以上	49	19.1
	高中或中专	39	15.2

续表

变量	变量描述	样本数	百分比
	初中	129	50.4
	小学及以下	39	15.2
女儿受教育程度	大专及以上	32	12.5
	高中或中专	41	16.0
	初中	141	55.1
	小学及以下	42	16.4

从变量描述可以看出，在儿子和女儿的教育程度上，儿子的教育水平高于女儿的教育水平。在大专及以上的较高教育层次上，儿子的比例占19.1%，女儿仅为12.5%，而在其他层次，女儿的比例都高于儿子，但是差距并不太大。可见，家庭在儿女的教育投资上依然存在一定的性别差异。那么，儿子和女儿的教育投资对父母的生活质量会产生怎样的影响？下面我们将建立回归模型来分析儿女的教育程度对家庭生活质量的影响。根据变量的特征，主要采用二元 Logistic 回归模型和 Multinomial logistic 回归模型。

二、模型与结果分析

因变量中家庭条件自评和肉食消费水平是多项定序变量，因此采用多项 Logistic 回归模型，健康状况和地面装饰是二分变量，采用二元 Logistic 回归模型，建立四个模型（见表5-11）。

在模型1中，以家庭经济条件自评为中下等的样本为参照组。儿女的教育水平对老人的家庭条件自评具有显著的影响，其中女儿的教育水平对家庭条件自评具有显著的正向影响，但是儿子的教育水平的影响却并不显著。此外，父母的工作情况是影响家庭条件自评的重要影响因素，从事非农类工作的受访者的家庭条件状况较好。从健康状况来看，儿女的教育水平对父母的健康状况没有显著影响，不论是儿子还是女儿的教育水平的影响都不显著。父母的健康状况受到年龄的显著影响，年龄与健康状况呈现明显的负向相关关系，年龄越大，健康状况越差。从家庭生活环境来看，地面装饰的好坏没有受到儿女受教育水平的显著影响，反倒是老人本身的受教育水平会对地面装饰产生显著影响。文化程度较高的老人，地面装饰会较好一些。从家庭日常消费水平来看，儿女的受教育水平会对家庭的日常消费水平产生重要的影响。儿子的受教育水平对家庭肉食消费产生负向的影响，而女儿的受教育水平对家庭肉食消费起到正向的影响。女儿的受教育水平越高，家庭的肉食消费越高。老人的工作类型也会显著影响家庭肉食消费，从事纯农业劳动对家庭肉食消费具有非常显著的负向影响。

表 5-11 儿子和女儿的受教育水平对老人生活质量的影响模型

变量	R1 家庭条件自评		R2 健康状况	R3 地面装饰	R4 肉食消费水平		
	中上等 (中下=0)	一般 (中下=0)	健康 (不健康=0)	一般 (较好=0)	101 元以上 (无=0)	51~100 元 (无=0)	1~50 元 (无=0)
儿子受教育水平(小学及以下=0)							
大专及 以上	-0.276 (0.692)	-0.357 (0.588)	-0.375 (0.520)	-0.078 (0.521)	-0.841 (0.899)	-1.633** (0.793)	-0.493 (0.602)
高中或 中专	0.745 (0.761)	0.214 (0.680)	0.636 (0.593)	-0.534 (0.564)	-0.217 (0.946)	-0.302 (0.786)	0.311 (0.653)
初中	-0.051 (0.606)	-0.206 (0.504)	-0.166 (0.448)	0.187 (0.471)	-0.050 (0.738)	-0.827 (0.663)	-0.042 (0.527)
女儿受教育水平(小学及以下=0)							
大专及 以上	2.645** (1.171)	2.895*** (1.122)	0.681 (0.616)	-0.633 (0.568)	2.057** (0.926)	1.047 (0.927)	0.127 (0.673)
高中或 中专	-0.069 (0.666)	-0.009 (0.583)	-0.278 (0.536)	0.491 (0.556)	0.836 (0.921)	0.688 (0.878)	-0.381 (0.604)
初中	0.258 (0.559)	0.630 (0.476)	-0.636 (0.433)	0.143 (0.459)	0.554 (0.762)	0.583 (0.778)	-0.120 (0.478)
受访者个人特征							
年龄	-0.044 (0.041)	-0.040 (0.035)	-0.079** (0.032)	-2.142 (2.061)	-0.046 (0.052)	-0.067 (0.047)	-0.073** (0.036)
受访者文化程度(文盲=0)							
高中或 中专	0.993 (0.773)	-0.307 (0.717)	0.162 (0.552)	-1.263** (0.544)	-0.827 (0.940)	0.491 (0.772)	0.325 (0.631)
初中	-0.460 (0.617)	-0.741 (0.502)	-0.298 (0.444)	-0.871* (0.454)	-2.472*** (0.818)	-0.943 (0.648)	-1.210** (0.515)

变量	R1 家庭条件自评		R2 健康状况	R3 地面装饰	R4 肉食消费水平		
	中上等（中下=0）	一般（中下=0）	健康（不健康=0）	一般（较好=0）	101 元以上（无=0）	51~100 元（无=0）	1~50 元（无=0）
小学或扫盲班	-0.121 (0.502)	-0.805** (0.406)	-0.096 (0.358)	-0.312 (0.402)	-1.052* (0.552)	-1.168** (0.577)	-0.752* (0.413)
配偶健在(健在=0)							
丧偶	-0.969 (0.695)	-1.143* (0.586)	-1.261** (0.577)	0.827 (0.606)	0.205 (0.812)	-1.294 (1.133)	-0.091 (0.572)
受访者工作情况(其他=0)							
非农类	2.153** (1.008)	0.657 (0.984)	3.278*** (1.137)	0.578 (0.658)	2.272** (1.129)	-0.311 (0.916)	0.023 (0.839)
纯农业劳动	0.150 (0.607)	-0.090 (0.508)	0.308 (0.457)	0.508 (0.455)	-0.213 (0.876)	-2.021*** (0.613)	-1.178** (0.539)
半工半农	-0.247 (0.885)	0.194 (0.714)	1.205* (0.656)	0.139 (0.625)	-0.341 (1.374)	-0.923 (0.859)	-0.054 (0.715)
截距	1.927 (2.661)	3.010 (2.300)	4.792** (2.058)	-2.142 (2.061)	1.499 (3.320)	4.924 (3.081)	5.252** (2.330)
有效样本量	256		256	256	256		
卡方值	56.633***		54.556***	34.843***	66.587***		
Cox 和 Snell R^2	0.198		0.192	0.127	0.229		
Nagelkerke R^2	0.225		0.257	0.175	0.251		

注：(1)模型 1 和模型 4 是多项 Logistic 回归，模型 2 和模型 3 是二元 Logistic 回归模型。(2)括号内的数值表示估计系数的标准误差，*，**，*** 分别表示显著性水平为 10%，5% 和 1%。

从以上四个模型可以看到，儿子和女儿的受教育水平对老人的家庭生活质量产生重要的影响，特别是在经济生活方面的影响非常显著。女儿的受教育水平对老人的经济条件和消费产生显著的正向影响，而儿子的受教育水平对老人的生活质量有一定的负向影响。

因此，对农村家庭来说，与儿子相比，女儿受教育水平的提高更加有利于改善父母老年的生活质量，特别是经济生活质量。这一结果表明，农村家庭中女儿对父母的养老状况会产生重要的影响，女儿是父母的重要养老资源，随着女性受教育水平的不断提高，女儿赡养父母的能力增强，成为父母提高老年生活质量的重要力量。

第四节　父母对女儿养老的需求与认同

一、养老观念变化与女儿养老需求

随着社会经济发展，人们的观念发生重大变化，在养老观念上，人们的想法也发生许多变化。本部分从农村中青年妇女的视角来分析农村家庭的未来养老方式选择。中青年群体的未来养老方式的选择不仅会对当前老年人的生活质量和家庭地位产生重要影响，也是完善可持续的农村社会养老保障体系的重要依据。在农村妇女普遍当家的局面下，从女性的视角探讨农村家庭的养老意愿具有重要意义。中青年群体是未来的老年人口，探索中青年人口的未来养老意愿有助于把握未来农村养老的发展方向，完善可持续的农村养老保障制度体系。中青年女性作为农村社会一个重要的群体，影响着农村家庭的发展。妇女在农村家庭中占据主导地位，妇女当家成为普遍局面，她们的意愿和决策会影响家庭的发展和方向。随着人口流动、妇女非农劳动参与率的提高以及男女平等性别观念的推进，使得女性相对于男性来说，她们的观念更加现代和开放（刘爱玉、佟新，2014）。因此，对中青年妇女的未来养老意愿进行研究具有重要意义。

本研究利用 2015 年湖北省宜昌的调查数据，建立农村中青年已婚妇女未来养老方式选择的 Multinomial Logistic 模型，发现中青年妇女未来更倾向于依靠自己养老和社会养老的方式，靠子女养老的观念明显弱化。重要影响因素有个人客观特征和家庭特征，个人客观特征包括年龄、文化程度、户口性质、外出务工情况和养老保险情况；家庭特征包括家庭经济条件、现有子女数量。研究还发现，妇女的见识广度也是影响妇女养老方式选择的重要因素之一。见识越广的妇女，观念更加开放，越倾向于自己养老和社会养老的方式。

(一)养老观念现状

在快速城镇化和人口流动的趋势下，相对于城镇，农村地区的养老问题将更加严峻。农村地区社会养老保障制度尚不健全，家庭养老扮演着至关重要的角色。但随着经济社会结构变迁，传统的家庭养老功能受到严重削弱。家庭养老带来的众多问题冲击着人们的养老观念，人们开始探索其他的养老方式。养老资源的供给主体开始由子女向个人和社会转变，农村中"养儿防老"的观念不断弱化，而依靠自己劳动和储蓄，以及购买养老保险、机构养老等社会化养老方式逐渐被人们接纳。提供适合老年人生活的养老方式成为政府和学者们关注的重点。实际上许多农村老年人只要能自理能劳动，一般都会靠自己获得生活资料，老年父母，特别是父亲会尽可能参加农耕及其他有收入的劳动来减少子代的赡养负担，多数老年人并不想给子代照料带来太大压力(王跃生，2012)。在这种情形下居家养老结合其他有效的社会化养老方式会给老年人生活带来较好的保障。因此，了解人们的养老意愿以及养老方式倾向会给农村社会养老保障制度的完善提供可靠的依据。

从养老的经济资源和照料支持看，养老方式主要分为以下三种类型：自己养老、子女养老和社会养老。第一种是自己养老的方式，一些研究中称为独立养老(风笑天，2006)，是相对于依赖子女养老而来的，自己养老是依靠自己的收入和储蓄进行养老，在经济上主要依靠自己劳动的一种养老方式，老年照料支持主要靠自己。第二种是子女养老，是基于传统的养儿防老观念下依靠子女提供经济来源、生活照料和情感慰藉的养老方式，当前社会中，子女养老发生一些变化，这里的"子"不仅包括儿子，也包括女儿。第三种是社会养老即社会化养老，指通过社会化途径获得养老的经济资源和照料支持的方式，在本研究中具体指在中青年时期购买农村社会养老保险或商业养老保险以获得老年期的养老资源，以及将来打算入住养老院获得老年照料服务的方式。在居住安排上，前两种主要表现为居家养老，第三种可以是居家养老或机构养老。已有研究发现农村居民对机构养老的接受度较低，大多倾向于居家养老方式(狄金华、季子力等，2014)，但有一部分老年人对机构养老抱有期待(左冬梅、李树茁等，2011)。

针对中青年女性养老意愿的研究发现发达地区的农村女性养老意愿具有传统性和时代性，职业(包括非农和农业)对养老意愿的影响很大；养老意愿与家庭收入有正向的关系，家庭收入越高对养老准备得越多；孩子数量越多其"养儿防老"的观念越强。在养老方式上，96%以上选择居家养老，但居住安

131

排存在差异，从事农业的女性一半以上选择与已婚子女共同居住，主要靠子女养老。养老的资金来源主要是自己的劳动收入，在年轻女性身上更明显，有了靠自己养老的倾向（郭继，2002）。养老意愿存在性别差异，男性农民更倾向于自己储蓄养老，而女性农民希望靠子女养老的意愿更强，这与老年人的经济安全有关，老年女性的经济安全一般比老年男性差，养老的风险更大（孔祥智、涂圣伟，2007）。

（二）变量设置

基于以往研究，本研究主要考察中青年已婚妇女的未来养老方式选择的影响因素，根据变量特征可采用 Multinomial Logistic 回归模型进行分析。被解释变量是未来养老方式。问卷中我们询问了妇女的未来养老方式"您希望将来的养老问题通过什么方式解决"，回答内容主要分为四类，即自己养老、子女养老、社会养老以及没想过，比例分别是 42.8%、14.7%、28.0% 和 14.6%。将来希望靠自己养老的比例最多，其次是靠社会养老，其他两类的比例相当。从中可以看出妇女独立养老意识的兴起以及养儿防老观念的淡化，她们对社会化养老方式也有了一定的接纳度。

妇女养老方式的可能影响因素参考了已有研究涉及的因素，如个人特征类，包括年龄、文化程度、户口性质；家庭特征类，包括家庭经济条件、现有子女数量、是否参与养老保险。另外，我们加入变量"外出务工情况"和"最远足迹"，以考察妇女的观念开放度和视野的开阔性，这两类变量对于妇女观念的影响起到重要作用。外出务工经历会对妇女传统观念形成冲击，而最远足迹即妇女到过的最远距离，这可以代表妇女的见识和眼界的开阔性。去过外省市特别是大城市的妇女，她们的见识和眼界可能更开阔，思想观念趋于现代，乐于接受新鲜事物；相比之下，足迹范围较小的妇女可能会更加闭塞和传统。具体的变量描述如表 5-12 所示。

表 5-12　　　　　　　　　　　**变 量 描 述**

变量	变量说明	样本数	百分比
养老方式	自我养老	391	42.8
	子女养老	134	14.7
	社会养老	256	28.0
	没想过	133	14.6

变量	变量说明	样本数	百分比
妇女年龄(岁)	25 岁及以下	117	12.8
	26~30	300	32.8
	31~35	252	27.6
	36~40	160	17.5
	41 岁及以上	85	9.3
文化程度	大专及以上	57	6.2
	高中和中专	289	31.7
	初中及以下	567	62.1
户口性质	非农业	71	7.8
	农业	843	92.2
外出务工情况	正在务工	88	9.6
	已返回	517	56.6
	从无外出务工	309	33.8
最远足迹	本县	54	5.9
	本省外县市	174	19.0
	外省	686	75.1
养老保险情况	参加新农保	644	70.5
	有商业养老保险	25	2.7
	两种都有	52	5.7
	两种都无	193	21.1
家庭经济条件	上等	60	6.6
	中上等	327	35.8
	一般	431	47.2
	下等	96	10.5
现有子女数量	目前没有孩子	32	3.5
	一个孩子	738	80.7
	两个孩子	144	15.8

(三) 农村家庭的养老方式选择模型与分析

1. 农村家庭中自己养老意愿较强

农村中青年妇女靠自己养老的意愿受到文化程度、养老保险的购买情况以及家庭经济条件的影响较大。文化程度较高,购买养老保险的种类越多以及家庭经济条件较好的妇女希望将来靠自己养老的意愿越强。

从表5-13的回归结果中可以看到文化程度、养老保险情况和家庭经济条件对自己养老有显著影响。文化程度的重要影响作用被许多关于养老意愿的研究所证实。在对独生子女父母的养老意愿研究中,丁志宏(2014)发现农村受教育程度较高的独生子女父母比受教育程度低的独生子女父母更可能选择依靠自己养老。本研究也得到一致的结论,对于农村中青年妇女来说,文化程度较高的妇女靠自己养老的意愿更强。具体体现在高中和中专学历的妇女希望将来靠自己养老的比率是初中及以下学历妇女的1.607倍。

在农村社会养老保障制度不完善的情况下,养老保险是目前农村养老的制度性支持,包括新型农村养老保险的推广以及其他商业型养老保险的介入,使得农村居民的养老方式发生改变。农村养老保险不仅具有经济效用,还具有信心效用,提高养老的安全感,参加养老保险的父母比没有参加养老保险的父母对子女养老的依赖性更低,对未来的养老也更有信心(唐利平、风笑天,2010)。对于农村中青年妇女来说,养老保险对她们具有较大的影响,并且参加养老保险的种类越多,对她们的效用越大。研究发现参加养老保险种类较多的妇女希望靠自己养老的意愿强于没有养老保险的妇女。既参加了新农保,又购买了商业型养老保险的妇女想要靠自己养老的比率是没有养老保险妇女的8.965倍。

家庭经济资源是实现家庭养老的物质基础,是影响养老方式选择的重要因素。有基于政府信任度视角的研究发现,家庭经济状况越好,却不倾向于选择政府(或社会)养老,而倾向于子女养老(程亮,2014)。但本研究的发现有所差异。本研究发现家庭经济状况较好会提高老人靠自己养老的意愿,而非子女养老,并且这一影响效应非常显著。对于农村中青年妇女而言,家庭经济条件越好,希望靠自己养老的意愿更强。家庭经济条件处于中上等和一般的妇女相比于家庭经济条件较差的妇女,靠自己养老的比率都提高2倍以上。

表 5-13　农村家庭未来养老方式选择的影响因素 Multinomial Logistic 回归模型

养老方式(没想过=0)	自己养老			子女养老			社会养老		
	B	Std. Error	Exp(B)	B	Std. Error	Exp(B)	B	Std. Error	Exp(B)
妇女年龄(41岁及以上=0)									
25 岁及以下	0.053	0.558	1.054	-0.646	0.633	0.524	-1.005*	0.585	0.366
26~30 岁	-0.174	0.483	0.840	-0.764	0.509	0.466	-0.991**	0.500	0.371
31~35 岁	0.178	0.477	1.194	-0.920*	0.509	0.398	-0.443	0.489	0.642
36~40 岁	0.061	0.496	1.063	-0.437	0.512	0.646	-0.225	0.506	0.798
文化程度(初中及以下=0)									
大专及以上	0.302	0.544	1.353	-0.734	0.881	0.480	1.422***	0.545	4.145
高中和中专	0.474*	0.260	1.607	0.000	0.341	1.000	0.878***	0.280	2.407
户口性质(农业=0)									
非农业	1.002	0.638	2.725	0.163	0.802	1.177	1.227*	0.638	3.412
外出务工情况(从无外出务工=0)									
正在务工	-0.060	0.420	0.941	-0.285	0.511	0.752	-0.377	0.445	0.686
已返回	-0.147	0.283	0.863	-0.638*	0.338	0.528	-0.688**	0.298	0.503
最近足迹(外省=0)									
本县	0.903	0.664	2.466	1.588**	0.682	4.894	0.173	0.714	1.189
本省外县市	-0.349	0.302	0.705	-0.015	0.355	0.985	-0.728**	0.329	0.483

养老方式(没想过=0)	自己养老			子女养老			社会养老		
	B	Std. Error	Exp(B)	B	Std. Error	Exp(B)	B	Std. Error	Exp(B)
养老保险情况(两种都无)									
参加新农保	0.115	0.251	1.122	0.480	0.349	1.615	-0.102	0.276	0.903
有商业养老保险	-0.212	0.744	0.809	0.550	0.900	1.733	0.488	0.717	1.629
两种都有	2.193**	1.051	8.965	1.303	1.214	3.680	2.247**	1.064	9.463
家庭经济条件(下等=0)									
上等	0.464	0.525	1.590	0.217	0.631	1.242	0.338	0.541	1.402
中上等	0.739**	0.350	2.094	0.180	0.409	1.197	0.116	0.369	1.123
一般	0.925***	0.338	2.522	0.480	0.383	1.616	0.479	0.353	1.615
现有子女数量	-0.102	0.245	0.903	0.166	0.296	1.181	-0.737***	0.278	0.479
常数项	0.272	0.660		0.033	0.753		1.919***	0.688	
有效样本量				914					
卡方值				171.250***					
Cox 和 Snell R^2				0.171					
Nagelkerke R^2				0.185					

注：*，**，*** 分别表示显著性水平为 10%，5% 和 1%。

2. 靠子女养老观念不断弱化

在计划生育政策的推行下，农村家庭的子女数量减少，子女作为重要的养老资源也越来越难以支撑老年父母的赡养，特别是一个孩子的家庭，老年父母的赡养面临危机。因而农村家庭的"养儿防老"从过去的单纯靠"子"的养老变为靠"子女"的双系养老，女儿作为一种资源被纳入家庭养老的体系内（王跃生，2012；田瑞靖，2013）。改革开放几十年来，家庭结构和代际关系发生变动，人们的价值观念发生重大变化，养儿（包括儿女）防老的观念受到冲击，特别是在年轻一代中，他们的观念相比于老一代更加开放和现代。农村中青年妇女"养儿（儿女）防老"的意愿受到观念开放度的影响较为明显。可以看到，年龄较大、从没有外出务工以及最远足迹在本县的妇女靠子女养老的意愿较强。

2010 年第三期全国妇女社会地位的调查数据显示，女性的性别观念总体上更趋现代，并且越年轻者的观念更现代。对于农村中青年妇女来说，她们的养老意愿也受到年龄的影响，越年轻的妇女养儿防老的观念越弱，年长者则越强。结果显示，31～35 岁的妇女相比于 41 岁及以上的妇女靠子女养老的意愿明显降低，前者是后者的 0.398 倍。

外出务工会帮助妇女收入增加以及家庭经济条件改善，而且也可能带来观念的改变，但观念的改变与外出时间、外出地区以及工作生活环境等一系列因素相关。研究结果发现，外出务工的妇女比从没有外出务工的妇女靠子女养老的意愿降低 52.8%，也就是说，外出务工返回的妇女靠子女养老的意愿较低，而从没有外出务工的妇女希望子女养老的意愿更强。已返回的妇女通过外出务工，一方面增加了自己的经济收入，她们可以通过自己劳动来获得经济来源，对子女的养老依赖降低；另一方面，外出务工经历在一定程度上改变了她们养儿防老的观念，增加了其独立养老的意识。

最远足迹在本县的妇女靠子女养老的概率比率是最远到过外省的妇女的4.894 倍。最远活动范围在本县的妇女的观念更为传统，她们倾向于靠子女养老，而最远去过外省的妇女依靠子女养老的意愿较低。这就是说见识越广、视野越开阔的妇女，养儿防老的观念越弱。

3. 社会化养老方式的重要性增加

年龄、文化程度、户口性质、外出务工情况、最远足迹，参加养老保险情况以及现有子女数量都对妇女选择社会化养老方式产生显著影响。

在中青年妇女中，较年轻妇女的社会化养老意识较弱，这可能是因为她们目前年龄较小，离老年期还较远，对未来的养老认识比较模糊。特别是 30 岁以下的年轻妇女，她们的社会化养老意愿都弱于41岁及以上的妇女，其中25岁及以下妇女社会养老意愿的概率是41岁及以上妇女的0.366倍，而26岁到30岁妇女的概率是41岁及以上的0.371倍。文化程度越高的妇女，社会养老的意愿越强。大专及以上妇女选择社会养老的概率是初中及以下妇女的4.145倍，而高中和中专妇女的概率是初中及以下的2.407倍。户口性质对社会养老意愿产生显著影响，非农业户口的妇女希望社会养老的概率是农业户口的3.412倍。

外出务工与社会养老的关系是负向显著相关的。外出务工已返回的妇女社会养老意愿低于从没有外出务工的妇女，可能原因在于她们曾经外出务工改善了家庭经济条件，收入的增加使得她们具备了自己养老的能力，因而靠自己养老的意愿增强。而购买养老保险或进养老院等社会化养老方式与靠自己储蓄养老相比，可靠性不足，人们对商业保险的信任度、对机构养老的接纳度等都会影响对社会养老的依赖度。

见识较广的妇女更倾向于社会养老。最远足迹是本省外县市的妇女选择社会养老的意愿低于最远到过外省的妇女，前者是后者的0.483倍。购买养老保险的种类越多，社会养老的意识越强。购买了新农保和商业型养老保险的妇女的社会养老概率是两种保险都没有的妇女的9.463倍。

现有子女数量和社会养老意愿是负向显著相关的，且在1%的水平下显著。妇女的现有子女数量与养老方式的描述分析显示，在目前没有孩子的妇女中，选择社会养老方式的占46.9%，选择自己养老的比例为34.4%，没有妇女选择依靠子女养老。目前有一个孩子的妇女中，选择社会养老、自己养老和子女养老的比例分别是29.3%、43.0%和14.2%。在有两个孩子的妇女中这一比例分别是17.4%、43.8%和20.1%。由此可见，目前没有孩子的已婚妇女期待社会养老的比例最高，接近50%，随着子女数量的增加，这一比例迅速降低，现有一个孩子的妇女中这一比例下降到30%，而现有两个孩子的妇女期待社会养老的比例降到20%以下。已经生育孩子的妇女中，选择依靠自己养老占绝大多数，都达到40%以上。孩子数量越多，靠子女养老的意愿会有所加强。可见具有传统养老观念的妇女可能会有较高的生育意愿，倾向于多生育孩子。有两个孩子的妇女依靠子女养老的比例明显多于有一个孩子和没有孩子的妇女。

（四）研究结果

随着老龄化的加剧，养老成为社会关注的重要问题。学者们对当今老年群体的养老情况进行了深入研究，同时也关注了中青年群体的养老意愿。中青年群体的养老观念和未来养老方式的选择不仅会对当前老年人的生活质量和家庭地位产生重要影响，也是完善可持续的农村社会养老保障体系的重要依据。随着社会经济结构变迁，农村家庭发生许多变化，在男女平等的推进和妇女劳动参与率提高的情况下，农村妇女当家成为普遍局面。因此了解妇女的养老观念有助于把握未来农村家庭的养老方式意向。基于湖北宜昌农村的调查数据，本章探讨了农村中青年已婚妇女的未来养老方式选择的影响因素。研究发现，在中青年已婚妇女群体中，传统的依靠子女养老的观念逐渐弱化，依靠自己养老的观念兴盛，社会化养老方式逐渐被接纳。妇女的个人客观因素，如年龄、受教育程度、户口性质、外出务工经历，家庭特征因素，如家庭经济状况、现有子女数量等都对养老意愿产生显著影响，妇女的主观特征如见识广度也是影响未来养老安排的重要因素之一，见识广的妇女，她们的价值观念从传统转向现代，对社会化养老方式的推广具有较高的接纳度。

在未来的养老方式选择中，依靠自己养老将成为最重要的方式之一，这会对农村社区的居家养老服务提出更多要求。中青年群体希望依靠自己劳动和储蓄独立养老成为将来的发展趋势，人们期待未来能够在家庭中享受老年生活，实现老年阶段的自立自主，老年时与子女同住的意愿并不强。因此完善社区居家养老服务体系是满足农村居民养老需求的重要内容。

社会化养老方式逐渐被中青年群体接纳，对其他养老方式具有一定的替代性，社会化养老方式的推广对未来的养老方式将产生重要影响。由于当前社会养老方式的保障水平有限，如新型农村社会养老保险的养老金标准较低，难以保障老年人的生活需求，中青年群体的认可度有限。因此逐步提高农村居民的社会养老金标准，加强农村社会养老保障体系与城镇社会保障体系的协调与衔接，使中青年群体对未来的养老形成良好的预期，是完善可持续的养老保障制度的重要举措。

对子女养老特别是儿子养老观念的弱化打破了传统的养儿防老观念的束缚，人们在养老方式的选择上更加自主，女儿逐渐成为子女养老的重要资源，特别在父母的精神和心理慰藉以及照料上，女儿更受欢迎。因此人们养老观念的变化是女儿养老的重要性逐渐增加的观念基础。

二、流动对家庭养老中性别角色的影响

流动使家庭制度在性别关系轴向上受到广泛冲击，直接改变了家庭中基于性别的角色规范。这种改变首先来自农村女性在流动中观念的变化与主体性的

获得。流动是农村男女性别角色变化的主要因素之一，深刻重塑了家庭中的性别规范。就业性流动建构了农村女性打工群体的主体性意识，给女性带来了经济独立、决策自主的机会。

有关外出务工女性的研究显示，当市场将她们从父亲家庭中"剥离"出来后，摆脱了家庭直接控制的年轻女性提高了个人主体性，在迁移自由、自主决策、经济与非经济资源的获取、能力增长等方面取得了长足的进步，她们与家长的协商能力大为增强（谭深，2004）。女性通过流动获得的不仅仅是争取就业、婚姻自主的能力，也获得了对抗性别歧视和压迫的自觉意识与能力，这种意识在未婚与已婚的女性身上都得到发展（金一虹，2010）。未婚女性在流动后，对原有父母家庭的家庭关系发起挑战，获得家庭的话语权，而已婚女性能够通过重新定义性别角色与改变性别规范建立新的性别分工规则，实现家庭中的性别平等追求。流动给女性带来的性别意识与能力的变化重塑着家庭的性别角色。

但是流动中的性别差异也是明显存在的。这一性别差异的存在也正是女儿养老成为解决家庭养老需求的关键。家庭生命周期与迁移的性别差异交织，将男性的家庭养老功能削弱，提高了女性的养老作用。根据杨云彦（2001）对男性和女性的迁移强度的测算表明，女性与男性的迁移强度在15岁以前没有明显的差异，而从15岁起到24岁，女性累计的迁移强度迅速上升，明显超过男性，此后，男性的累计迁移率逐渐赶上女性，到约45岁时男性开始超过女性，并一直保持着领先态势。因此，总体上来看，男性的迁移活动高于女性，而女性一生的迁移强度低于男性。迁移强度的差异对家庭养老中男性与女性的作用与地位产生重要影响。由于迁移，男性比女性更多地远离家庭，特别是在45岁之后男性的迁移强度一直超过女性，这也是其父辈步入老年期之后，男性在人口迁移的情况下无法顾及老年父母的赡养，无法提供照料支持，而女性能够提供家庭养老的支持。因此，迁移的性别差异导致儿子在家庭养老的缺失与不足，女儿在家庭养老中的作用变得重要。

另外农村社会养老保障的不健全是促使家庭养老发生变化的重要因素之一。女儿养老的出现也正是养老社会支持不足的产物。在农村家庭的老年照料上，社会保障提供的照料资源远远不足以满足老年人的照料需求，因此农村家庭的老年照料基本只有依靠血缘或姻缘关系的亲属，特别是配偶、子女或孙子女。相关研究发现，当老年人需要照料时，51.3%的老人是配偶提供主要照料支持，31.6%的老人主要照料是儿子儿媳提供，7.3%的老人是女儿女婿提供主要照料支持。也就是说超过90%的老年人的主要照料提供主体是亲属，只有3%左右的照料来自其他个人或机构，还有 6.1%的老年人得不到照料支持（石人炳，2012）。可见在农村地区，由社会机构提供的正式照料支持只占很少的比例，远远达不到老年照料的需求。因此农村家庭中人口流动增加，女儿成为重要的照料资源。

　　农村家庭制度的变革是农村家庭向城市家庭模式学习与模仿的过程，是现代性在农村的渗透，在观念层面与行为层面重塑着农村居民的行为模式。工业化城市化对农村社会产生巨大冲击，农村的社会结构基础发生了变化。随着农村人口在城市与乡村之间流动，新的观念被不断输入乡村，人们的价值观念也在现代性的渗透下逐渐改变。传统的家庭伦理观念与性别规则被重新定义。人们不断挑战与改变传统的家庭伦理观念与性别规则，其目标是为了家庭的需求与功能的实现。家庭的基本需求如赡养一般依靠家庭来完成，而在当前城乡家庭发生巨大变迁的情况下，这些基本需求的实现面临困难。因此，家庭应重新建构制度安排，运用家庭资源来适应社会与家庭的变迁，以满足家庭成员的需求与家庭的发展。

第六章　性别观念转变与独立 自觉型女儿养老

　　女儿养老广泛地存在于人们的生活中。不同于农村女儿的正式或非正式养老介入，城市的女儿养老没有婚姻制度的约束，也不是辅助儿子实现家庭养老的均衡，更多的是独立自觉地赡养父母。计划生育制度严格实行的城市地区，大量的独生子女家庭需要独生女儿或独生儿子来完成家庭养老。独生女儿赡养父母是必然的选择。

　　新型的婚后居住安排是儿女平等地参与双方父母养老的制度基础。城市家庭大多实行婚后新居制，夫妻婚后形成独立的核心家庭，与双方父母分开居住。新居制使得核心家庭与双方父母家庭的联系具有同等的地位。在对双方父母的养老支持和帮助上具有同样的作用。赡养双方的父母是儿女的责任和义务。女儿在赡养自己父母上的意愿不断增强。

　　在性别观念变化方面，城市居民的观念转变先于并强于农村地区，城市女性的性别观念转变又先于男性的观念转变。观念的差异为女儿养老带来了阻力。特别是在独生女儿与非独生男性组建的家庭中，这种阻力更加明显。女性具有强烈的赡养父母的意识，而男性更多地保留了传统性别规范，夫妻之间对女儿赡养父母持有不同看法，在家庭中形成女儿养老的阻力。因此，为实现家庭和谐与赡养责任的平衡，女儿通过改变赡养策略，在同住赡养与提供养老资源之间做出选择。

　　城市中女儿养老是普遍存在的现象，它是社会经济变迁与人口转变等结构性因素发展的产物。城市社会养老保障制度的建立和完善也为女儿养老提供了必要条件。

第一节　城市家庭的居住安排

一、城市家庭居住安排的主要特点

居住方式是家庭形成与组织方式的反映，决定了家庭成员的互动方式，特别是父代与子代的互动方式。中国的社会经济变迁对人们的生活方式与家庭居住方式产生重要影响,城市家庭的居住方式呈现一些新特点。

(一)新居制是最主要的婚居安排

在中国,家庭的居住安排一直延续传统的婚后从夫居制,即女性嫁到男方与男方父母同住,子女婚后与男方父母同住成为主要的家庭居住安排之一。随着我国社会变迁和家庭变动,子女婚后另立新居的新居制成为新的趋势。中国家庭的核心化趋势一定程度上就是新居制带来的核心家庭的增加,子女结婚后不再与父母同住,而是直接居住在新房,独立门户。三代同堂或四代同堂已经不再是人们心目中的理想居住方式,城市中大部分老年父母与成年子女更倾向于独立居住(Logan et al.,1998)。

从1983年、1993年和2008年的中国城市调查结果来看(见表6-1),独立门户的新居制一直是城市家庭最主要的居住安排。1983年五所城市调查中,独立门户的比例是48.23%;在1993年七所城市调查中这一比例略有下降,但仍是占比最多的居住安排,为45.93%;2008年的五所城市家庭调查中,独立门户的比例占所有居住类型的一半。这些调查数据显示,中国城市家庭中独立门户的新居制是越来越重要的居住安排之一。

表 6-1　　　　　　　　　　城市家庭婚后居住安排(%)

婚后居住安排	2008 年	1993 年	1983 年
独立门户	50.0	45.93	48.23
住男方家	46.4	40.76	40.02
住女方家	2.8	7.03	9.69
两地分居	0.7	4.83	—
其他	—	1.43	2.06
合计	100	100	100

资料来源:马春华,等.中国城市家庭变迁的趋势和最新发现[J].社会学研究,2011(2):193.其中2008年数据来源于李银河负责的"中国五城市家庭调查(2008)"课题;1993年数据来自沈崇麟、杨善华等人主持的"七城市家庭调查(1993)"课题;1983年数据来自最早的家庭调查,由中国社会科学院社会学研究所联合全国8家科研机构合作实施的"中国五城市婚姻家庭研究(1983)"。

（二）与女方父母同住的比例不断减少

在我国，婚后居住安排中从夫居是传统主流婚居模式，新居制也是越来越主流的婚居形式。但从妻居制即婚后与女方父母同住的形式一直都是一种边缘化的作为补充的居住安排。

城市中没有婚姻制度对女儿养老的规定，在婚后居住上从妻居的比例不断减少，2008 年住女方家的比例只有 2.8%。

（三）与双方父母的居住距离相近

居住安排是家庭结构的一个重要方面，目前居住安排是从传统的子女与父母同住逐渐向独立居住的方向发展。因此，居住的距离安排对子女赡养父母的行为产生重要影响。鄢盛明、陈皆明等(2001)对保定市的研究发现，在日常照料、经济支持与情感慰藉三个方面，居住距离的远近对赡养提供产生显著影响。同住的居住安排下子女提供这三个方面赡养的可能性最大，其次是住在附近的子女，而与父母居住较远的子女提供这三个方面赡养的可能性最小。

城市中子女与父母大多是"分而不离"①的供养关系，居住距离的远近是提供这种赡养行为的基础。大多数子女与父母的居住距离较近，如表 6-2 所示，已婚独居子女与双方父母同城居住的比例最多，在 40% 以上，其次是住在附近的，比例在 20% 以上，再次是同省的，占 19% 左右，距离较远的跨省或跨国的比例共 10% 左右。

表 6-2　　　　　　城市已婚子女与双方父母的居住距离(%)

居住距离	父母	配偶父母
附近	26.4	21.2
同城	44.5	48.1
同省	19.0	19.6
省外	9.9	10.9
国外	0.2	0.2
合计	100	100

数据来源：马春华，等. 中国城市家庭变迁的趋势和最新发现[J]. 社会学研究，2011(2)：206.

---

① 分而不离指父母与子女在居住安排上以分开居住的形式为主，但在日常生活中往往产生紧密的联系，包括双方相互支持以及生活上的互动。

一个显著的特点是，已婚子女对父母和配偶父母的居住距离类型的分布基本类似，住在附近和同城的比例都在70%左右。从居住距离的远近可以看到城市已婚子女与双方父母在地域联系上差别不大。这表明，已婚的儿子或女儿与其父母的距离相当，保证了已婚儿子和女儿赡养父母的同等可能性。

二、居住安排对女儿养老的影响

(一)婚后居住安排的变化是女儿养老的制度基础

婚姻制度及其相应的婚后居住制度是影响子女是否养老的关键因素。女儿养老的权利、义务与婚姻制度及婚后居住制度密切关联。在外婚制与从夫居制度下，女儿从结婚之日起就会进入男方家庭或家族与男方父母共同居住，女儿远离自己的父母，今后的生活事务与关系建立都是围绕丈夫的家庭而来，在联系上与自己父母的家庭逐渐疏离与断裂，大多数的联系只是礼仪性的探望与问候。父母对女儿赡养的需求也因婚姻制度与从夫居制而消解，从女儿出生之日到其成长的各个环节，女儿都会被排除在今后的赡养责任之外。

婚后居住安排的变化即大多数家庭实行的新居制，改变了女儿在婚姻制度中的地位，为女儿赡养提供了制度安排的保障。新居制是男女婚后独立于双方父母家庭之外建立小家庭，小夫妻不与双方父母共同居住。独立居住的居住形式首先赋予小夫妻独立的决策权。女性在家庭中的决策权与自主权大大增强，在对父母的赡养中能够拥有自主的决定权力。新居制的建立打破了传统的从夫居制下对女儿婚后的限制，增强了女儿在父母养老中的价值体现。

当今城市社会中，新居制的实现受到许多因素的影响，其中最主要的因素包括文化规范，两代人之间的现实需求与观念变化、住房问题等。

随着现代化的推进，文化规范的影响在城市中出现逐渐弱化的趋势，特别是传统文化规范中的性别规定明显弱化，传统文化中一些观念仍然保留和延续着。在养老方面，传统文化中的家庭赡养责任依然深刻影响着人们的观念和行为，对父母的赡养和孝顺依然是绝大多数人的共识。但是其中的性别差异减弱，只有儿子赡养的观念已经基本被"赡养双方的老年父母是子女无法推卸的责任和义务"取代。因此，对已婚小夫妻来说，双方父母是同等重要的。婚后居住上实行新居制在与双方父母的关系上是平等的。

新居制受到两代人的现实需求影响。许多年轻夫妻结婚后希望能够有自己的独立空间，独立居住的住房便是他们需求实现的基础。而城市养老保障为父辈提供了养老金等支持，大部分的城市父母会有经济收入，在经济上对子女的依赖减少，为避免家庭矛盾与家务纠纷，老年父母独立居住的可能性增加。另外两代人在价值观念、消费观念、兴趣爱好等方面存在明显差异，也促使两代人分开居住的产生。

住房也是影响婚后居住安排的一个重要原因。在住房紧张的时期，受住房条件的限制，与父母同住是年轻人必然的选择。在1987年对天津市的城市调查中发现，子女与父母同住后又分家独立居住的原因中，住房是最重要的原因。一旦住房条件改善，便增加了子代与父代分开居住的情况（潘允康、林南，1987）。随着经济的快速发展与城市化进程的加剧，房地产经济迅速崛起，城市和城镇的商品房建设如雨后春笋。传统男娶女嫁模式下的婚后从夫居制，男方父母提供婚后住房的安排，女方嫁到男方家。在当前社会中特别是城市地区，受住房因素影响，这一制度发生较大改变。结婚准备新房成为普遍的趋势，父辈家庭倾尽积蓄为儿女购买新房，不仅男方父母家庭要承担购买新房的经济压力，女方父母家庭也会参与。随着房价不断上涨，一般家庭难以独立承受小夫妻的新房购置，女方家庭开始参与进来。在子女结婚时期，双方父母都参与对小夫妻的住房支持。对某城市的调查发现，为子女结婚交纳购房首付款已经成为一条不成文的规定，一般由双方父母各付一半，或者男方交纳首付，女方负责装修（杨金东，2013）。双方父辈在子代结婚时逐渐承担起共同的负担，以保证小家庭的建立和运行。

新居制的实行将男性和女性对父母家庭的权利与义务平等承担起来，使女儿对家庭的价值和效用得以实现。在计划生育实施的情况下，许多城市独女家庭在新居制的安排下，实现了女儿对父母的赡养义务。

(二) 居住距离为女儿养老提供了现实操作性

城市已婚独居子女与双方父母的居住距离大部分是同城内或附近居住，为养老支持和帮助提供了可能性，特别是在生活照料、家务帮助方面，近距离的居住安排能够提供更加有效的帮助。

对于居住在城市家庭的老年人来说，非同住子女与老人之间居住距离的性别差异远远小于农村。在农村，儿子通常在村里与父母比邻而居，而女儿通常会嫁到其他的村子（张文娟，2006）。在打工经济的影响下，许多年轻农村男女到城市汇聚，不同地域省际的年轻人恋爱结婚的可能性增加，跨省跨市的婚姻比率不断增加。这就造成农村的女儿在结婚后与自己父母的远距离居住。在城市中，非同住的已婚儿子或女儿与双方父母的居住距离呈现相似的分布。儿女在地域上的限制减少，大大增加了女儿养老的现实可能性。

第二节　城市家庭的女儿养老观念转变与养老困境

一、养老现状与养老观念

(一)已婚子女与自己父母的互动频率高于与配偶父母的互动频率

城市子女婚后独立居住增强了子女家庭的独立性，在家庭事务决策上，女性的权力得到体现，男女往往在家庭权力上能够平等协商。新建立的家庭与双方父母家庭保持密切的联系，形成家庭之间的关系网络，在代际互动与支持上具有密切的关系。

由于子女与父母的天然感情联系，子女会与父母保持密切的联系，特别是与自己父母的联系不会因为婚姻而发生变化。已婚的女儿和已婚的儿子都能够与父母产生互动。

在已婚独居子女与父母的互动频率中可以看到，已婚子女与自己父母的互动频率高于与配偶父母的互动频率。如表 6-3 所示，与自己父母几乎每天都有互动的比例是 17.8%，远高于与配偶父母互动的比例 9.9%。子女与双方父母的互动频率最多的是每周一两次，都在 50% 左右，但是与自己父母每周互动一两次的占比 54.1%，与配偶父母互动为 45.8%。与配偶父母互动频率在每月一两次的比例较多，为 30%，多于与自己父母互动的比例。

表 6-3　　　　城市已婚独居子女与双方父母的互动频率(%)

	几乎每天	每周一两次	每月一两次	每年几次	基本不走动	从不走动	合计
父母	17.8	54.1	22.2	5.7	0.2	0	100
配偶父母	9.9	45.8	30.0	12.9	1.2	0.1	100

数据来源：马春华，等．中国城市家庭变迁的趋势和最新发现[J]．社会学研究，2011(2)：206.

值得注意的是，在这项研究数据中，并没有将受访者的性别做出区分。也就是说，这里的受访者有可能是男性或女性，他们在对双方父母的支持上处于同等的地位，有助于我们更好地理解在城市新居制的安排下，已婚的儿女在赡养父母中的行为表现。

(二)城市已婚独居子女给双方父母的养老支持相当

子女婚后给双方父母提供的养老支持基本趋于平等。如表6-4所示，城市已婚独居子女在对双方父母的帮助支持中各项比例基本相当。在日常生活帮助上，对自己父母与配偶父母提供资助的比例相差1.6个百分点，在照料上相差1.0个百分点，而既资助又照料的比例上仅相差0.4个百分点。在父母生病时提供帮助上，既提供资助又照料的比例相同，都达到51.4%。另外，在日常生活帮助中，占比最多的是不资助不照料。这在很大程度上与双方父母的年龄有关，双方父母可能都具有自理能力，不需要他人照料。并且城市父母一般有养老金，具有一定的经济来源，不需要子女的照料和资助。

表6-4　　　　　城市已婚独居子女给双方父母提供的帮助(%)

	父母日常生活	配偶父母日常生活	父母生病时	配偶父母生病时
资助	15.5	17.1	12.0	13.4
照料	17.3	16.3	23.4	20.8
既资助又照料	23.8	23.4	51.4	51.4
不资助不照料	43.3	43.3	13.3	14.5
合计	100	100	100	100

数据来源：马春华，等. 中国城市家庭变迁的趋势和最新发现[J]. 社会学研究，2011(2)：207.

在双方父母的养老支持上，父母和配偶父母得到的帮助比例都类似。这说明城市已婚子女在养老行为上的差异性较小。作为女儿和作为儿子给予父母的支持相当，已婚儿女在自己父母的赡养中处于同等的地位。

(三)城市已婚男女的养老观念相似

城市已婚的男性和女性在对父母的养老安排上具有一个共同的现象，男性和女性都对照料自己的父母具有更高的意愿度，相比较而言，女性认为应该由子女照料父母的比例高于男性的比例，而传统文化中媳妇照料公婆的观念，在现代女性的意识中却有所弱化，男性照料岳父母的观念有所增强。如表6-5所示，男性认为应该由子女照料父母的比例是65.1%，女性则达到66.8%。男性认为应该由子女照料岳父母的比例是41.2%，而女性认为由子女照料公婆的比例是36.9%。

表6-5　　　　　　城市已婚子女对父母的养老安排(%)

	男性		女性	
	父母	岳父母	父母	公婆
子女照料	65.1	41.2	66.8	36.9
子女出钱雇人照料	20.9	14.6	20.3	12.1
父母自己雇人照料	2.7	1.5	2.9	2.1
送养老院(不征求父母意见)	0.7	0.6	0.7	0.5
如果父母愿意，送养老院	9.4	6.3	8.0	5.4
到时候征求父母意见	1.0	0.9	1.2	0.5
其他	0.1	34.9	0.2	42.5
合计	100	100	100	100

数据来源：马春华，等. 中国城市家庭变迁的趋势和最新发现[J]. 社会学研究，2011(2)：208.

从女儿的角度来看，女儿自身具有较高的赡养自己父母的意识，但是在对配偶父母的赡养上，女性的认同比例却低于男性。现代家庭中，女性作为女儿的身份得以凸显和变得重要的同时，传统的被宣扬的作为媳妇的身份对公婆的责任有所弱化。

二、相关因素分析

城市家庭中女儿与儿子都能够平等的在家庭中享有权利并承担义务，女儿赡养父母的行为已经是普遍存在的自觉行动。我们将这种女儿养老模式称为独立自觉型女儿养老。独立自觉型女儿养老的形成不仅仅受到人们性别观念与养老观念的影响，它更是转型期我国人口、家庭与社会等结构性因素共同作用的结果。在社会结构变迁的影响下，传统的养老规范逐渐消解，城市中的女儿自然而然地开始承担起父母的赡养，女儿的性别角色出现转变。

(一)子女结构的影响

我国自20世纪70年代开始实行人口与计划生育政策，其本质是通过调节家庭生育来达到控制人口规模过快增长的目的，它通过引导人们弱化性别偏好，如"生男生女都一样"，打破"养儿防老"观念，在生育数量和性别结构上做出调整，加剧了中国家庭的小型化和少子化的趋势，催生了大量的独生子女家庭。城市中独生子女家庭的养老责任必然落到独生子女的身上。独生儿子和独生女儿是家庭唯一的子女资源，在社会化的过程中，家庭养老的责任被子女内化，女儿和儿子都必然承担父母的赡养。

(二)家庭结构的变化

在实施计划生育政策、人口迁移流动加剧等因素的多重作用下，家庭结构在近30年来呈现不断缩小的趋势。随着低生育率的持续和城市化的推进，以及住房条件的改善和家庭观念的转变，越来越多的大家庭"裂变"为小家庭，核心家庭是中国家庭的主要形态。家庭结构是家庭的组成形式，体现着家庭成员之间的关系、生存方式和家庭功能的实现。家庭结构的简单化和家庭规模的缩小必然影响家庭功能的实现。在当今的中国家庭，家庭功能弱化成为发展趋势。

在城市家庭中，核心家庭是最主要的家庭形式，核心家庭在实现家庭的功能特别是养老与抚幼上的作用越老越难以独立支撑，而且女性参与劳动的比率较高，在传统性别分工中承担家务责任的女性在家务承担上的时间与精力大大削弱。家庭事务的料理以及照顾幼小与老人的责任促使核心小家庭与双方父母家庭产生紧密的联系。双方父母家庭都可以承担小家庭的事务，如带孩子、做家务等，现有事实也表明，女方父母在帮助小家庭带孩子上发挥着重要作用。

因此，子家庭在双方父母家庭的养老上也扮演同样的角色，女儿和儿子一样要承担父母的赡养。

(三)社会养老制度的不断完善

家庭养老中男性与女性能够发挥同样的作用，扮演相同的角色来实现父母赡养的关键因素离不开城市中社会养老制度的不断完善。单纯依靠子女的赡养会给子女带来巨大的养老压力，而城市社会养老保障极大地缓解了子女的压力，不仅在经济上负担减小，城市中不断完善的社会化养老服务如养老院、敬老院等养老机构与社区居家养老服务等社会服务的增加也成为可以利用的养老资源。

从社会发展的角度看，社会化养老代表时代发展的方向。现阶段，家庭养老与社会化养老相结合是一个发展趋势。女儿养老是在这个过程中随着两性性别角色的转变而出现的现象。

三、养老困境与策略选择

在双方同为独生子女的夫妻中，男性和女性能够互相理解并在赡养父母上达成共识。但是对城市独生女儿与非独生子女的丈夫组建的家庭中，他们在养老观念上的差异较大，形成对女儿赡养父母的阻力，容易产生家庭问题，影响家庭和谐。

对男女性别观念的研究表明，男女的性别观念存在年龄与城乡差异。从两性差别来看，女性的性别平等观念与意识超越男性；从城乡差异来看，城镇男女的性别观念差异大于农村；从年龄来看，年龄越小的女性，其性别观念越趋于现代，而男性的性别观念在年龄层上没有较大区别，具有相似性；从群体差异看，城镇女性的性别观念更为平等与现代，农村男性更为保守和传统。总体上可以看出，中国男女的性别观念处于传统与现代的过渡状态，女性的受教育水平提高、经济地位的改变是促使其现代性别观念生成的重要因素。而男性是传统性别制度的优势方，他们更多地保留了传统的性别观念，没有像女性那样发生翻天覆地的变化。因此男女性别观念的差异导致其在家庭养老中的不同看法，对突破传统的女儿养老现象会产生阻力。

在中国计划生育的严格规定下，非独生男性一般出生在农村地区，因此城市的独生女儿与农村的非独生男性在生活方式、价值观念等方面存在巨大差异。男女性别观念的差异会带来对女儿养老看法的不同。一般来说独生女儿赡养父母的意愿很强，她们在父母的赡养中自觉地实现角色转变，承担父母的赡养责任。但是男性在传统性别制度下持有传统的养老观念，对女儿赡养父母的认可度并不高，所以，为了实现家庭和谐与赡养责任的平衡，女儿会在养老策略上做出调整，主要在是否与父母同住与提供养老支持之间做出协调。

一般看来，经济因素是制约同住安排的重要因素之一。当代中国老年父母与其子女的居住安排是受双方经济资源的影响而共同协商的结果，父代和子代在经济上的收益成为选择是否同住的重要因素，父代和子代的经济条件越好，同住的可能性越低（陈皆明、陈奇，2016）。这说明，当代家庭中父代与子代的居住安排更多的是基于经济上的考虑。同住的安排与互助，大多数是出于责任感对家庭关系的维系，是在家庭生命周期的过程中应对阶段性问题，满足家庭需求与生活质量的一个策略。

对女儿与父母的同住安排来说，不仅受到上述经济因素的制约，而且受到传统的家庭主义与性别文化的制约。在现实生活中子女结构的约束下，性别文化的影响可能逐渐淡化。在非独生子女家庭中，老年父母与儿子同住的比例显著高于与女儿同住的比例，但当父母仅有独生子女时，老年父母与女儿同住的比例大大增加(风笑天，2009)。在只有女儿的情况下，城市中老年父母愿意与女儿同住(许琪，2013)。当家庭中男女的性别观念存在较大差异时，老年父母与女儿同住就面临困境。女儿希望老年父母与自己同住以便更好地提供老年照顾支持，但由于传统家庭制度中女儿不具有赡养义务并且实行从夫居制，女儿不与父母同住。因此，男性对女方父母同住并不能实现完全认同。在日常的家庭生活中难免产生矛盾。因此，女儿改变赡养策略，不与父母同住但提供养老支持成为可能的选择。

女儿赡养的重要策略之一就是通过与父母形成网络家庭来实现赡养。女儿与不同住的父母家庭形成紧密的网络家庭，在老年父母的支持上提供帮助。家庭网络的密切联系是中国家庭不同于西方家庭的重要特点。同住或不同住的居住安排并不代表家庭成员之间关系的密切或疏离。当父代与子代虽不同住但仍然保持紧密联系，包括经济、家务和情感的联系时，几代同堂的传统居住安排更多地被网络式家庭所取代。核心家庭之间形成的紧密网络是现代家庭满足家庭需求与实现家庭功能的重要方式。在子女家庭与父母家庭之间的紧密联系，有效地解决了家庭的抚幼与赡养的问题。

第七章　女儿的养老角色变化与
养老模式变迁

　　改革开放以来，在社会转型、经济转轨与快速的人口转变的共同作用下，我国家庭发生深刻的变化，家庭小型化、简单化成为一种普遍趋势，传统的儿子养老功能受到挑战。传统的以儿子养老为主要形式的非正式制度安排正在经历前所未有的变迁，我国家庭养老中出现了从儿子养老到女儿参与养老，再到儿女平衡型养老的转变。从养老模式的性别角色变迁中，我们可以深切感受到，在城市和农村，家庭功能的重构与社会化养老体系的建设都面临新挑战。

　　本书第四章至第六章以家庭养老中女儿的养老角色为切入点，在剖析女儿养老的类型特征与发展机制的过程中，探讨了性别角色的变化对人们行为模式的影响，以及对家庭制度变迁的重要影响。在对女儿养老的机制进行分析的过程中，引入家庭策略的视角，梳理了女儿养老现象的演进过程。性别平等的推进实现了在家庭养老中男女平等地承担赡养责任的目标，这也是家庭成员满足家庭的现实需求与促进家庭发展的策略选择。

　　从性别视角来看，我国家庭养老模式经历了从传统的儿子养老，到女儿参与养老，再到儿女平等地承担养老责任的演变过程。不论是农村还是城市，儿女共同承担养老责任都在人们的生活中不断实现。新的养老形式逐渐发挥着重要的功能。但同时需要注意的是，新的养老模式是我国家庭养老不断与社会养老结合的过程，需要更多的社会化养老支持。

第一节　养老模式变迁：从儿子养老、
女儿养老到儿女平衡型养老

一、家庭养老功能的变化

　　在我国生育率不断降低、少子化与独子化趋势发展，以及人口流动加剧的背景下，家庭中子女资源变得非常有限。传统父系制只倚重与偏重男系的家庭制度变得势单力薄，无法应对家庭风险和社会转型的挑战。特别是家庭中抚育幼小和赡养老人的重要功能的实现变得困难重重。如家庭在抚育幼小上需要家庭其他成员的支持和帮助，只靠男系家庭支持会给家庭造成很大压力。而老年父母的赡养离不开子女的支持，少子化带来的家庭养老的子女资源减少，使独生子女父母的赡养特别是女儿户父母的赡养出现危机。

当前社会保障体系不足以完全保障家庭的功能实现，我国家庭通过家庭资源的策略性调整与制度安排的重新建立来满足家庭需求，打破传统男系偏重的局面，将男女两方置于平等的地位。家庭养老中，女儿与儿子一样承担家庭养老的责任。女儿养老角色的变化对我国家庭养老模式产生重要影响，使得制度安排与性别平等有机结合，女儿的养老作用得到重视。这会对女性的整个生命历程产生影响，女性能够平等地享有生存与发展的权利，在家庭中的差异性待遇会得到缓解，有助于社会性别平等的推进。

在社会变迁的过程中，家庭不仅仅是被动的发生变化，更多的是主动调整来适应新的环境，应对新的问题以此来谋求家庭的发展。女儿养老现象的出现就是现代家庭在家庭政策缺失和保障不足的情况下整合家庭资源，重建家庭伦理和制度安排以延续家庭发展的策略性行动。传统的家庭制度安排受到挑战，取而代之的是基于家庭保障与发展需求之上的新的制度设置，改变了传统的只依靠儿子养老的养老观念与养老安排。

二、居住形态变化与儿女平衡型养老的实现

对父辈与子代家庭居住形式的调整就是一种新的制度安排，在新的居住形态下，实现了儿女平衡型养老的目标。近年来一些农村出现的"两头走"婚居模式以及城市普遍存在的新居制，便是保障家庭功能实现的生动例证。

农村的"两头走"模式赋予了女儿正式的养老身份，重构了家庭制度安排，改变了以往婚姻缔结时的性别关系，改变了传统的婚后居住安排，赋予儿女同样的角色期待。新的婚居模式，不仅折射出农村居住形式的变化，实际上也是城市居住形态的反映。两者的区别在于城市中没有婚姻形式对女儿养老的规定，赡养父母成为子女的应尽责任与自觉行动。城市中一半以上的家庭采取新居制，即夫妻婚后采取独立居住的方式，新建立的小家庭对双方父母具有同样的赡养责任。赡养双方的父母是子女无法推卸的责任和义务，在观念上和行动上成为子女养老行为的准则。

婚后居住安排中从夫居是传统主流婚居模式，但新居制也逐渐成为主流的形式之一。从 1983 年、1993 年和 2008 年的中国城市调查结果来看，独立门

户的新居制一直是城市家庭最主要的居住安排形式。在双方父母的养老支持上，父母和配偶父母得到的帮助比例类似。这说明城市已婚子女在养老行为上的差异性较小。作为女儿和作为儿子给予父母的支持相当，已婚儿女在自己父母的赡养中处于同等的地位。另外，已婚子女与父母和配偶父母的居住距离类型的分布基本类似，住在附近和同城的比例都在 70% 左右。从居住距离的远近可以看到城市已婚子女与双方父母在地域联系上差别不大，保证了已婚儿子和女儿在赡养父母时的同等可能性。

农村和城市的家庭养老都通过父辈和子代的居住形态变化，赋予子女同等的赡养责任。子代家庭对双方父母的义务相同，提供养老支持，既是我国人口转变的结果，也是社会化养老服务体系建设与完善的结果。我国城乡社会养老保障制度的不断完善，以及养老服务产业的建设在很大程度上分担了家庭养老的主要功能。家庭的老年经济供养与生活照料压力可以在社会化养老体系中得到缓解，这也是家庭养老与社会养老方式的有机结合。

第二节　家庭养老与社会养老的结合

一、家庭养老模式的变化与社会养老需求

自 2016 年起我国将进入"全面二孩"时代。生育政策的调整将会改变未来的家庭结构，对家庭的功能产生影响。就家庭的养老功能来看，赡养老人对任何家庭来说都要投入很多资源。全面二孩政策的实施直接推动了家庭养老中子女资源的增加，有助于提高将来家庭的养老能力。

那么家庭结构的变化会不会改变人们对养老模式的策略安排？以"两头走"模式为基础的家庭养老，其实质是男性和女性平等地参与家庭养老。通过"两头走"在有儿有女家庭的实践可以发现，农村两个孩子的家庭让子女都采取"两头走"的形式。父母的考虑是，一方面在结婚费用上的负担大大减少，另一方面儿女共同分担将来的养老可以有效减轻子代家庭的养老压力。当前日益沉重的婚嫁成本、子女的迁移流动等给家庭造成巨大压力，让家庭的功能实现变得困难重重。因此，这是农村家庭在面临压力时积极调整的过程，是为家庭成员提供保障与发展需求的策略选择。

家庭养老中打破传统男系中心并逐渐实现的男女平等地参与养老的过程是家庭调整传统规范与性别准则的过程。生育新政下对儿女平等地参与养老的策略安排，有利于强化未来的家庭养老的功能，实现家庭的可持续发展。同时需

要注意的是，这种新型的家庭养老形式，需要更多的社会化养老支持。

但从现实情况来看，我国社会提供的养老服务与养老需求之间存在较大差距，社会养老体系并不完善，如养老服务设施严重不足、专业护理人员短缺、民办养老机构发展迟缓等①，而且城乡社会养老服务差距悬殊，农村的社会养老服务处于更加欠缺的状态。在农村劳动力外流等因素的影响下，农村人口的养老观念发生了变化，一部分老年人对社会养老服务需求的意愿增强，对具体的服务内容存在不同偏好。因此，建设有效的满足农村人口需求的社会养老服务体系是一个紧迫的任务。

二、社会养老服务与养老产业发展

当前老年人的养老需求发生较大变化。城乡老年人对子女的经济依赖度在逐渐降低。城市中社会养老保障制度逐渐完善，绝大部分老年人不再依赖家庭成员提供经济支持，经济独立性较高；而农村中依靠家庭成员提供经济供养的比例在减少，但性别差异明显，接近60%的女性老人依靠家庭成员供养，近年来这一比例有下降趋势（王红丽、丁志宏，2013）。农村老人依靠自己的劳动收入获得经济来源的比例不断增加。随着新型农村社会保险的推广与普及，新农保对农村家庭的养老产生影响，新农保提高了参保老人的经济独立性，不仅降低了老人在经济来源上对子女的依赖，同时也降低了对子女的照料依赖，反而在社会正式照料的需求上有所增加（程令国、张晔等，2013）。家庭的老年照料需求成本也出现上涨趋势。到2030年和2050年，每位劳动者负担的老年家庭照料现金支出分别至少等于2000年的3.0~4.1倍与6.8~12.6倍（曾毅、陈华帅等，2012）。我国家庭面临着沉重的老年照料压力，不论是现金成本还是非现金成本，都会给家庭带来负担。随着人口流动的加剧，农村社会中传统的提供老年照料支持的家庭和亲属网络的作用不断下降，农村老年人急需其他照料资源来缓解老年生活危机，家庭对社会化照料服务的需求有所增加。

但是我国社会化养老服务体系并不健全，在满足城乡老年人养老需求上的作用并不显著。在我国人口老龄化与快速的城镇化发展中，传统家庭养老功能的衰弱迫切需要社会化养老服务体系的支持与保障。因此，加快我国养老服务的社会化、专业化进程，加快养老服务产业的发展势在必行。养老产业是以老年人为对象，主要通过市场化运作配置养老资源，提供养老服务和产品的综合

---

① 刘晓梅. 我国社会养老服务面临的形势及路径选择[J]. 人口研究，2012（5）：104-113.

产业。养老服务是养老产业的核心。发展养老产业，不仅是应对人口老龄化的重要举措，还能够推动经济增长，促进产业结构升级。人口老龄化通过增加消费需求、加快人力资本积累对产业结构升级带来一定的正效应①。养老产业的发展不仅促进第三产业优化升级，还能够带动产业的集合，整合三大产业资源的长效配置，形成新的经济增长点，对上下游产业具有经济联动效应②。

现阶段需要注意的一个问题是，人们养老观念的变化对社会化养老服务的需求产生影响。当前老年人的养老观念趋于传统，对社会化养老方式的接纳度有限，可能偏好家庭养老或居家养老服务。而独生子女一代的父母以及中青年群体的养老观念则发生了很大变化，他们对社会化养老的认可度较高，对将来养老服务的需求更加多样化。因此，社会化养老体系的发展要注重现实性和持续性，提供更有效的养老服务。

---

① 汪伟，刘玉飞，等. 人口老龄化的产业结构升级效应研究[J]. 中国工业经济，2015(11)：47-62.
② 赵东霞，李赖志. 独生子女时代我国养老产业发展的 SWOT 分析[J]. 财经问题研究，2013(1)：30-35.

第八章　主要结论、政策含义与研究展望

均衡与共享是我国经济与社会发展关键时期的重要理念。均衡是健康社会可持续发展的内在要求，共享是中国特色社会主义发展的本质要求，这也是新型城市化建设的基本要义。新型城市化战略在追求城市化质量的基础上强调以人为本的发展战略，注重人口、经济、社会、资源环境与城乡的协调发展，推进基本公共服务均等化，实现教育、医疗、就业等方面权利的平等共享。家庭的发展是社会均衡发展的基础，是承载人的发展的基本组织形式。家庭发展的基础性内容包括性别关系、代际关系、家庭成员的权利获得与资源分配，以及享有的公共服务、社会保障等方面的均衡与有效。在社会急剧转型期，家庭结构、家庭功能的变迁对家庭的发展产生影响。基于传统父权制的家庭功能的弱化致使家庭成员的基本需求满足变得困难，造成家庭发展失衡。而社会性别准则的深刻影响使得人们在参与与分享社会经济发展成果时出现性别差异，共享发展受损。因此，在新型城市化建设过程中，对性别平等的追求，不仅是实现家庭发展的重要动力，也是经济社会发展的重要源泉。

第一节　主要研究结论

本研究以家庭养老中女儿养老现象为切入点，在剖析女儿养老的类型特征与发展机制的过程中，探讨了性别角色的变化对人们行为模式的影响，以及对家庭制度变迁的重要影响。在对女儿养老的机制进行分析的过程中，引入家庭策略的视角，梳理了女儿的养老角色变化，以及养老模式的变迁轨迹。性别平等的推进实现了在家庭养老中男女平等地承担赡养责任的目标，这也是家庭成员满足家庭的现实需求与促进家庭发展的策略选择。本研究得到以下结论。

第一，女儿的三种养老角色类型是性别角色变化的结果。

在不同的女儿养老类型中，性别角色的影响作用是不同的，也就是说不同类型女儿养老的作用机制是不同的。在制度约束型女儿养老中，性别角色的变化通过制度的变革重置了女儿在家庭中的性别地位，从而保障了女儿养老的实

现。家庭中女儿的地位提高，尽管老年父辈的地位下降，但家庭中形成以父-女关系为基础的代际均衡关系。在新的"两头走"婚姻中，女儿对父母的赡养更是以与男方父母平等的角色来开展的，女性对双方父母家庭的地位是平等的。家庭养老中男女平等地参与养老得到更好的实现。在能力辅助型女儿养老中，女儿的权利获得是重要的影响因素。传统性别角色中女性没有任何权利，是依附于男性的附属地位，而当前女性的众多权利得到实现。在家庭中，通过考察女儿受教育权利的获得来分析性别角色的变化对养老的影响。实证研究发现，女儿的受教育水平对老年父母的生活质量会产生重要的影响，提高老年父母的养老质量。在独立自觉型女儿养老中，性别角色观念的转变是影响女儿养老的关键，同时也受到许多结构性力量的影响。性别观念的转变将赡养父母内化为女儿的自觉行动，深刻影响着家庭的养老模式。

第二，女儿养老角色的多样化是家庭功能弱化趋势下家庭调动资源的策略安排。

在经济社会转型与人口转变的进程中，家庭深受影响。家庭规模与家庭结构发生重要变化。家庭规模小型化、结构简单化成为家庭的发展趋势。家庭规模与结构的变化对家庭功能的实现产生影响，致使建立在传统父权制基础之上的家庭功能的实现变得困难。传统父权制强调以父系男权为中心的家庭制度，家庭的发展与继替等都是围绕父系展开，家庭的功能实现也是在父系家庭内的功能实现。家庭的生育抚育是在男方家庭家族中完成并为男方家庭延续后嗣的功能，家庭的养老需要儿子来赡养，家庭的继承权也遵循男性继承。女性以及女方家庭家族是被排斥在这些功能之外的。

在我国生育率不断降低、少子化与独子化趋势发展，以及人口流动加剧的背景下，家庭中子女资源变得非常有限。传统父系制只倚重与偏重男系的家庭制度变得势单力薄，无法抵抗家庭风险，应对社会转型的挑战。特别是家庭中抚育幼小和赡养老人的重要功能的实现变得困难重重。如家庭在抚育幼小上需要家庭其他成员的支持和帮助，只靠男系家庭支持会给家庭带来很大压力。而老年父母的赡养离不开子女的支持，少子化带来的家庭养老的子女资源减少，使独生子女父母的赡养特别是女儿户父母的赡养出现危机。在当前社会保障体系不足以完全保障家庭功能的实现时，我国家庭通过制度安排的重新建立来满足家庭需求，打破了传统男系偏重的局面，将男女两方置于平等的地位。家庭养老中，女儿与儿子一样承担家庭养老的责任，家庭的养老功能得到强化。

第三，从女儿的养老角色变化来看，我国养老模式发生变迁，经历了从传统的儿子养老、女儿属于依附地位到女儿参与养老的角色多样化，再到儿女平衡型参与养老的过程。这一过程也是家庭养老与社会养老的承接。

养老形式中出现的新形式正是向儿女平等地参与养老的转变。在农村中新的"两头走"模式和城市中普遍出现的新居制的背景下，老人不与儿子同住，也不与女儿同住，儿女在父母的养老中平等参与。

性别制度的变化对我国家庭养老制度产生重要影响，使得制度安排与性别平等有机结合，女儿的养老作用得到重视。这会对女性的整个生命历程产生影响，女性都能够平等地享有生存与发展的权利，在家庭中的差异性待遇会得到缓解，有助于社会性别平等的推进。女儿养老的发展轨迹是社会性别平等推进的过程。女儿在自己父母的养老过程中的作用越来越重要，在对儿子和女儿养老行为的比较研究中，女性地位的提高是女儿养老的现实支撑。女性的经济地位和家庭地位提高，自主意识增强，她们开始建构自己的主体性，长期以来被忽略的女儿角色得以重视。

第四，女儿养老角色的变化与养老模式的变迁是家庭制度安排变迁的过程。

不同的家庭中女儿通过不同的方式参与父母的赡养。在实行新型婚姻制度的家庭中，女儿被赋予了正式的养老身份。婚姻制度中出现一些新型的婚姻形式，如"两头走"改变了以往婚姻缔结的性别关系；婚后居住安排上男到女方家住或两边住，改变了居住安排中的性别准则；在家庭养老中，女儿和儿子一样具有赡养父母的责任和义务。制度的变化重塑了男女两性的家庭权利和义务，将男女放在平等的位置上，赋予同样的角色期待。女儿养老从受到制度的约束而展开，家庭的权力关系与地位的变化是影响女儿养老的重要因素，在家庭中形成以女儿为中心的家庭权力关系。整个地区的性别偏好逐渐弱化，影响到人们的生育观，进一步强化了女儿养老的需求。婚姻制度的变革过程也体现出人们对男女平等地参与养老的要求。从主流的男娶女嫁到招婿婚姻，再到"两头走"婚姻模式的变化，逐渐将男女推向婚姻中的平等地位，进而实现在其他家庭制度安排中的平等。

在没有制度约束的情况下，女儿养老则是以女儿的资源禀赋与观念转变为基础的。父母对女儿的教育投资提高了女儿养老的能力，对父母的老年生活质量产生重要影响。同时，当前家庭养老观念的转变以及人口流动的加剧也将女儿养老推向重要地位。在家庭养老资源不足的情况下儿子和女儿都成为重要的养老资源。在独生女儿家庭中，尤其是城市地区独生女儿家庭大量存在，女儿独立自觉地承担父母的赡养。这是家庭养老的必然选择，同时也是人口变化、我国社会转型与家庭变迁等结构性力量作用以及女儿性别观念转变与角色转变的结果。

从女儿养老的类型与养老模式演变可以看到社会性别平等在人们的观念和行为模式中不断深化，正向男女平等地成为权利和义务主体迈进。这一转变过程中伴随着家庭制度的变革，以及性别规范的变化促使传统的家庭制度安排逐渐解体，取而代之的是基于性别平等之上的新的制度设置。

现代家庭制度是以家庭需求和发展为目标的制度设置，是家庭调整伦理观念和家庭资源适应现代化的过程。家庭制度中对性别准则的调整，强化了家庭功能实现，在两性之间以及代与代之间建立起平等均衡的关系，是家庭发展的重要转变。中国的家庭变迁并不是如现代化理论那样延续西方家庭变迁的轨迹，从传统走向现代，而是在传统与现代的碰撞中实现融合与互补，中国家庭在现代化过程中以传统家庭制度的调适以及家庭资源调整为支撑来适应现代社会变迁，显示出中国家庭的强大张力和生命力。女儿养老现象的出现就是现代家庭在家庭政策缺失和保障不足的情况下整合家庭资源，重建家庭伦理和制度安排以延续家庭发展的策略性安排。

第二节　结论的政策含义

通过对女儿的养老角色的研究与养老模式的变迁研究，本研究提出以下政策建议。

第一，推进社会化养老体系的建构与家庭发展建设紧密结合。

在人口老龄化不断加剧的背景下，现代家庭通过策略调整与家庭资源的调动来满足家庭养老需求，应对家庭养老功能的弱化，同时家庭也更需要社会化养老服务与支持。庞大的老年人口催生了大量的社会养老服务需求，特别是独生子女一代的老年父母，不得不寻求社会资源来缓解家庭养老的压力，对养老服务产业的需求不断增加成为必然的趋势。

在我国养老模式变迁的过程中，要将家庭发展与社会养老服务有机结合，建设适合我国国情的养老服务支持体系。在发展和完善社会化养老体系时，应该注重将家庭发展的阶段性特征与养老支持相结合。在我国的家庭文化中，家庭始终是其成员最根本的福利资源，因此，对家庭的政策支持是基本的保障。现阶段我国家庭很多中青年夫妇在生育上需要依靠老年父母的支持，特别是在全面二孩放开之后，处于育龄旺盛期的独生子女一代抚育幼小的压力大大增加，对老年父母的依赖增加。老年父母牺牲自身的老年生活与发展机会来帮助子代家庭。而当父辈需要赡养时，子代家庭往往迫于工作与生活的压力而力不从心。因此，现阶段对家庭服务业以及养老服务业的扶持、规范和完善日益紧迫，必须完善社会政策支持体系，完善政府购买服务的方式，发展养老产业。养老产业，特别是养老服务业的发展，要充分结合城乡老年家庭的居住特点与需求特点，特别为"空巢老人""独居老人""失能半失能老人"提供有层次的全面的养老服务，逐渐形成多元化的养老模式。

第二，推进社会性别平等，将性别平等落实到经济社会的发展与新型城镇化建设之中，实现发展的均衡与共享。

改革开放以来，我国城市化快速发展，推动了我国的经济增长与现代化发展，但城市化过程中也产生了一些问题。人口城市化是城市化的基础。但城乡二元体制中人口在享受基本公共服务与教育、就业、医疗、社会保障等权利与福利方面存在较大差异。在农村人口外流与人口老龄化不断加剧的影响下，中国农村社会与经济发生深刻而复杂的变革。农村人口外流后农村劳动力逐渐呈现出老龄化与女性化趋势。留守人口享受经济社会发展成果的权利受到限制，同时他们还要肩负起农村发展的责任。留守老人与留守妇女成为农业生产的主力，老人农业①与女性农业②的稳定性与可持续发展经历考验。而在农村劳动力非农就业与城市劳动力就业上，性别的差异始终存在而且有逐渐扩大的趋势。在当前我国生育政策发生重大调整的情况下，女性在劳动就业领域会受到更多歧视，面临更加严峻的就业与职业发展难题。这种处境对女性的生育意愿与性别偏好会产生影响，对家庭发展的影响也是巨大的，影响着我国人口的长期均衡发展。由此需要引起重视的一个问题就是从性别的角度来看，该如何实现发展的共享。

社会性别平等是中华人民共和国成立以来不断推进的历史使命。我国制定了一系列促进男女平权的法律和政策，为性别平等提供了有效的制度保障，在女性权益保护如婚姻自由权、受教育权、就业权、政治参与权等方面实现性别平等。新型城市化秉承"以人为本"的理念，注重城市化建设的质量，推动人口、经济、社会、资源环境与城乡的协调发展，推进基本公共服务均等化，实现教育、医疗、就业、社会保障等方面权利的平等共享。因此，性别平等的共享发展是当前我国社会发展的基本要求。

推进性别平等在社会发展各个领域的实现有利于经济社会的和谐。新形势

---

①　老人农业指在人口外流的情况下，农村中以老人为主力军的农业生产。

②　女性农业指由于农村人口迁移流动的性别差异，男性大多外出务工，留守女性在农业生产中发挥重要作用。

下新农村建设与农村的可持续发展离不开对农村劳动力的人力资本开发，而从性别的角度来看，对农村女性人力资本的开发将会回报农业与农村发展，直接改善农村居民的生活质量，提高生活福利，缓解贫困。贫困是我国面临的重大问题之一，解决贫困问题是社会发展的当务之急。习近平总书记做出了精准扶贫的重要指示，提出针对不同贫困区域环境、不同贫困农户状况的精准识别、精准帮扶与精准管理的治贫方式。因此，将性别因素纳入治贫管理中也正是精准扶贫的一个视角。贫困存在性别差异，女性贫困是普遍存在的一个问题，1978年美国社会学家皮尔斯(Diana Pearce)提出了"贫困女性化"的命题，她发现，贫困人口中女性人口所占比重不断增加，并且在所有贫困家庭中，以女性作为户主的家庭所占比重不断增加①。乔晓春、张恺悌等(2006)对中国贫困人口的研究也发现，女性贫困人口大大多于男性②。因此，在精准扶贫进程中，基于性别的分析是重要的一个视角，具有重要的现实意义。

新型城市化建设中融入性别视角，注重性别平等与公平，开发与优化女性的人力资本，为女性提供有效的支持与社会保障，不仅能够提高家庭发展能力，对我国城乡的经济社会发展也具有重大意义，这也是我国贯彻协调发展，共享发展的发展理念③的必然要求。

第三节　进一步研究的方向

在本研究中，有许多问题还需要进一步探讨。

第一，就女儿养老现象而言，在全国大样本数据中这一现象的比例较少，因此本研究只是以湖北省农村地区的调查数据来分析在不同的婚姻制度安排下的女儿养老行为，缺乏全国范围的调查数据，也无法进行区域的比较。对这种

---

① 转引自霍萱，林闽钢．为什么贫困有一张女性的面孔——国际视野下的"贫困女性化"及其政策[J]．社会保障研究，2015(4)．

② 见乔晓春，张恺悌，等．中国老年贫困人口特征分析[J]．人口学刊，2006(4)

③ 协调发展与共享发展是五大发展理念之中的两大理念。2015年，中国共产党第十八届中央委员会第五次全体会议强调，实现"十三五"时期发展目标，破解发展难题，厚植发展优势，必须牢固树立并切实贯彻创新、协调、绿色、开放、共享的发展理念。这是关乎我国发展全局的深刻变革。"协调发展"必须促进城乡区域协调发展，促进经济社会协调发展，塑造要素有序自由流动、主体功能约束有效、基本公共服务均等、资源环境可承载的区域协调发展新格局。坚持"共享发展"就是坚持人人平等共享发展成果，做出有效的共享制度安排。

已经存在的社会现象，在分析中更多地使用定性分析方法。因此今后能够在区域比较与全国数据中进一步进行分析将会有更加深刻的认识。

第二，实证分析都是在既定的条件下考察部分影响因素，将要考察的要素指标化简单化。但是对现象的分析是复杂的，很多指标设置与变量选择并不能完全代表我们要分析的对象，可能会将现象简单化、模糊化。此外，变量的选择也会受限于调查问卷的问题设置。本研究对性别角色的度量是根据笔者自身理解与研究的需要设置的具体指标具有局限性。在具体的分析过程中，对女儿养老的机制只选取最重要的指标加以考察，并没有将它们统一纳入进去，分析具有局限性。因此在数据分析与指标操作化方面需要进一步深入分析。

第三，家庭策略分析中家庭成员的策略分析。在家庭策略的视角下，家庭成员作为行动主体，他们的观念与行动都会对策略产生影响。本研究主要将对象放在女儿本身以及女儿父母的角度来观察，对其丈夫与男方家庭的考察不足。因此，今后的研究有必要将对象扩展至男性及其家庭，这将是今后研究的一个观察视角。

第四，新形势下家庭结构与家庭功能的变化。在我国生育政策的调整下，全面二孩拉开帷幕。我国的家庭子女数会发生较大变化，生育两个孩子是生育政策所倡导的。尽管社会上存在"生不起"等生育反应，但无论全面二孩政策会在多大程度上得到响应，在我国家庭文化的影响下，家庭对子女的投入往往是一种不遗余力的资源、时间与精力的投入，家庭对男孩与女孩投入的差异会不断缩小，因此儿子和女儿会在父母的生命周期中扮演着同样的越来越重要的角色。生育行为的变化对家庭的影响也是今后值得关注的问题。

参 考 文 献

[1]宝森. 中国妇女与农村发展——云南禄村六十年的变迁[M]. 南京：江苏人民出版社，2005.

[2]班涛. 年轻夫妇"两头走"——乡村家庭权力结构变迁的新现象[J]. 西北农林科技大学学报(社会科学版)，2016，16(2)：93-98.

[3]曹锦清. 当代浙北乡村的社会文化变迁[M]. 上海：上海远东出版社，1995.

[4]陈皆明. 投资与赡养——关于城市居民代际交换的因果分析[J]. 中国社会科学，1998(6)：131-149.

[5]陈皆明，陈奇. 代际社会经济地位与同住安排——中国老年人居住方式分析[J]. 社会学研究，2016，31(1)：73-97，243-244.

[6]陈卫，杜夏. 中国高龄老人养老与生活状况的影响因素——对子女数量和性别作用的检验[J]. 中国人口科学，2002(6)：51-57.

[7]陈坤木. 妇女地位的概念和评价指标研究[J]. 南京人口管理干部学院学报，1995(1)：71-73，78.

[8]崔应令，冯华. 性别研究的当代转向及中国经验的意义[J]. 武汉大学学报(哲学社会科学版)，2011，64(6)：162-165.

[9]陈佳鞠. 夫妻权力结构对婚姻满意度的影响——基于CGSS2006数据的实证分析[J]. 内蒙古大学学报(哲学社会科学版)，2015，47(4)：67-75.

[10]陈讯. 妇女当家：对农村家庭分工与分权的再认识——基于五省一市的6个村庄调查[J]. 民俗研究，2013(2)：26-35.

[11]陈志光，杨菊华. 农村在婚男性流动对留守妇女家庭决策权的影响[J]. 东岳论丛，2012，33(4)：70-76.

[12]程令国，张晔，刘志彪. "新农保"改变了中国农村居民的养老模式吗？[J]. 经济研究，2013，48(8)：42-54.

[13]程亮. 老由谁养：养老意愿及其影响因素——基于2010年中国综合社会调查的实证研究[J]. 兰州学刊，2014(7)：131-138.

[14][美]杜赞奇. 文化、权力与国家：1900—1942 年的华北农村[M]. 王福明，译. 南京：江苏人民出版社，2003.

[15]杜鹏，李强. 1994—2004 年中国老年人的生活自理预期寿命及其变化[J]. 人口研究，2006(5)：9-16.

[16]杜鹏，武超. 1994—2004 年中国老年人主要生活来源的变化[J]. 人口研究，2006(2)：20-24.

[17]杜鹏. 中国老年人居住方式变化的队列分析[J]. 中国人口科学，1999(3)：53-58.

[18]第二期中国妇女社会地位调查课题组. 第二期中国妇女社会地位抽样调查主要数据报告[J]. 妇女研究论丛，2001(5)：4-12.

[19]第三期中国妇女社会地位调查课题组. 第三期中国妇女社会地位调查主要数据报告[J]. 妇女研究论丛，2011(6)：5-15.

[20]丁志宏. 我国农村中年独生子女父母养老意愿研究[J]. 人口研究，2014，38(4)：101-111.

[21]狄金华，韦宏耀，钟涨宝. 农村子女的家庭禀赋与赡养行为研究——基于CGSS2006 数据资料的分析[J]. 南京农业大学学报(社会科学版)，2014，14(2)：35-43.

[22]狄金华，季子力，钟涨宝. 村落视野下的农民机构养老意愿研究——基于鄂、川、赣三省抽样调查的实证分析[J]. 南方人口，2014，29(1)：69-80.

[23]风笑天，肖洁. 中国女性性别角色意识的城乡差异研究[J]. 人文杂志，2014(11)：107-116.

[24]风笑天. 城市独生子女与父母的居住关系[J]. 学海，2009(5)：24-30.

[25]风笑天. 第一代独生子女父母的家庭结构：全国五大城市的调查分析[J]. 社会科学研究，2009(2)：104-110.

[26]风笑天. 从"依赖养老"到"独立养老"——独生子女家庭养老观念的重要转变[J]. 河北学刊，2006(3)：83-87.

[27]费孝通. 三论中国家庭结构的变动[J]. 北京大学学报(哲学社会科学版)，1986(3)：3-7.

[28]费孝通. 家庭结构变动中的老年赡养问题——再论中国家庭结构的变动[J]. 北京大学学报(哲学社会科学版)，1983(3)：7-16.

[29]范成杰，杨燕飞. "无媒不婚"：家庭策略下的农村打工青年婚配模式研究[J]. 华南农业大学学报(社会科学版)，2013，12(1)：66-73.

[30]范成杰. 农村家庭养老中的性别差异变化及其意义——对鄂中 H 村一养老个案的分析[J]. 华中科技大学学报(社会科学版), 2009, 23(4): 104-109.

[31]樊欢欢. 家庭策略研究的方法论——中国城乡家庭的一个分析框架[J]. 社会学研究, 2000(5): 100-105.

[32][美]古德. 家庭[M]. 魏章玲, 译. 北京: 社会科学文献出版社, 1986.

[33]顾宝昌. 社会人口学的视野: 西方社会人口学要论选译[M]. 北京: 商务印书馆, 1992.

[34]高华. 刍议当前农村家庭养老中的新性别差异——对晋东 S 村的实地调查[J]. 人口与发展, 2012, 18(2): 72-81.

[35]高永平. 传统框架中的现代性调适——河北省平安村 1949 年后的招婿婚姻[J]. 社会学研究, 2007(2): 136-153, 245.

[36]高小贤. 当代中国农村劳动力转移及农业女性化趋势[J]. 社会学研究, 1994(2): 83-90.

[37]郭于华. 代际关系中的公平逻辑及其变迁——对河北农村养老事件的分析[J]. 中国学术, 2001, 3(4): 221-254.

[38]郭俊霞. 家庭关系变迁中的已婚妇女自杀现象研究——以鄂南三村为个案[J]. 思想战线, 2015, 41(5): 81-87.

[39]郭震威, 郭志刚, 王广州. 2003—2050 年农村实行计划生育的老年夫妇人数变动预测[J]. 人口研究, 2005(2): 2-7, 96.

[40]郭继. 农村发达地区中青年女性的养老意愿与养老方式——以浙江省为例[J]. 人口与经济, 2002(6): 32-37.

[41]郭志刚. 利用人口普查原始数据对独生子女信息的估计[J]. 市场与人口分析, 2001(1): 5-11.

[42]郭志刚, 陈功. 从 1995 年 1% 人口抽样调查资料看北京从妻居婚姻[J]. 社会学研究, 1999(5): 96-106.

[43]郭志刚, 张恺悌. 对子女数在老年人家庭供养中作用的再检验——兼评老年经济供给"填补"理论[J]. 人口研究, 1996(2): 7-15.

[44]桂世勋, 倪波. 老人经济供给"填补"理论研究[J]. 人口研究, 1995(6): 1-6.

[45]高万芹. 双系并重下农村代际关系的演变与重构——基于农村"两头走"婚居习俗的调查[J]. 中国青年研究, 2018(2): 11-17.

[46]顾宁. 建国以来女性教育的成果、问题及对策[J]. 当代中国史研究,

2005（6）：58-66，128-129.

[47]怀默霆. 中国家庭中的赡养义务：现代化的悖论[J]. 中国学术，2001，3
（4）：255-277.

[48]韩江风. 新时代农村女儿养老的困境与前景分析[J]. 法制与社会，2019
（10）：138-140.

[49]黄亚慧. 并家婚姻中女儿的身份与地位[J]. 妇女研究论丛，2013（4）：
109-114.

[50]贺雪峰. 论中国农村的区域差异——村庄社会结构的视角[J]. 开放时代，
2012（10）：108-129.

[51]贺雪峰. 农村家庭代际关系的变动及其影响[J]. 江海学刊，2008（4）：
108-113，239.

[52]加里·斯坦利·贝克尔. 家庭论[M]. 王献生，王宇，译. 北京：商务印
书馆，2010.

[53]加里·斯坦利·贝克尔. 人类行为的经济分析[M]. 王业宇、陈琪，译.
上海：上海人民出版社，2008.

[54]吉登斯. 社会学（第五版）[M]. 李康，译. 北京：北京大学出版社，2009.

[55]蒋永萍. "家国同构"与妇女性别角色的双重建构——计划经济时期中国
社会的国家与妇女[J]. 山东女子学院学报，2012（1）：1-6.

[56]金一虹. 流动的父权：流动农民家庭的变迁[J]. 中国社会科学，2010
（4）：151-165，223.

[57]孔祥智，涂圣伟. 我国现阶段农民养老意愿探讨——基于福建省永安、邵
武、光泽三县（市）抽样调查的实证研究[J]. 中国人民大学学报，2007
（3）：71-77.

[58]靳小怡，李树茁，费尔德曼. 婚姻形式与男孩偏好：对中国农村三个县的
考察[J]. 人口研究，2004（5）：55-63.

[59]靳小怡，李树茁，朱楚珠. 农村不同婚姻形式下家庭财富代际转移模式的
初步分析[J]. 人口与经济，2002（1）：18-24，65.

[60]贾云竹. 北京市老年人的经济状况[J]. 人口与经济，2001（3）：75-79.

[61]金一虹. 非农化过程中的农村妇女[J]. 社会学研究，1998（5）：108-116.

[62]李银河. 妇女：最漫长的革命——当代西方女权主义理论精选[M]. 北
京：生活·读书·新知三联书店，1997.

[63]李银河. 后村的女人们——农村性别权力关系[M]. 呼和浩特：内蒙古大
学出版社，2009.

[64]李银河. 生育与村落文化[M]. 呼和浩特：内蒙古大学出版社，2009.

[65]李小云. "守土与离乡"中的性别失衡[J]. 中南民族大学学报（人文社会科学版），2006（1）：17-19.

[66]李小江. 性别角色与社会发展笔谈（二）——"男女平等"：在中国社会实践中的失与得[J]. 社会学研究，1995（1）：92-97.

[67]李东山. 工业化与家庭制度变迁[J]. 社会学研究，2000（6）：10-17.

[68]李树茁，靳小怡，[美]费尔德曼，等. 当代中国农村的招赘婚姻[M]. 北京：社会科学文献出版社，2006.

[69]李树茁，费尔德曼，勒小怡. 儿子与女儿：中国农村的婚姻形式和老年支持[J]. 人口研究，2003（1）：67-75.

[70]李树茁，靳小怡，费尔德曼. 中国农村婚姻形式和与父母共居时间关系研究[J]. 中国人口科学，2001（6）：16-22.

[71]李霞. 人类学视野中的中国妇女——海外人类学之汉族妇女研究述评[J]. 国外社会科学，2002（2）：57-61.

[72]李永萍，慈勤英. "两头走"：一种流动性婚居模式及其隐忧——基于对江汉平原J村的考察[J]. 南方人口，2015，30（4）：26-34.

[73]李建新，于学军，王广州，刘鸿雁. 中国农村养老意愿和养老方式的研究[J]. 人口与经济，2004（5）：7-12，39.

[74]李从欣，张再生. 城市女性家庭地位满意度实证研究[J]. 江汉学术，2014，33（4）：5-10.

[75]李静雅. 夫妻权力的影响因素分析——以福建省妇女地位调查数据为例[J]. 妇女研究论丛，2013（5）：19-26，49.

[76]李萍. 流动妇女的婚姻家庭状况及其影响因素研究——以湖南省为例[J]. 人口学刊，2013，35（4）：5-13.

[77]李晓芳. 不同流动经历农村已婚女性家庭实权感比较及影响因素分析[J]. 人口与发展，2015，21（5）：73-80，53.

[78]雷洁琼. 新中国建立以来婚姻家庭制度的变革[J]. 北京大学学报（哲学社会科学版），1988（3）：52-60.

[79]罗慧兰. 女性学[M]. 北京：中国国际广播出版社，2002.

[80]刘启明. 中国妇女家庭地位研究的理论框架及指标建构[J]. 中国人口科学，1994（6）：1-9.

[81]刘启明. 当代中国妇女家庭地位的比较研究及成因探析[J]. 中国人口科学，1993（5）：3-8，53.

[82]刘伯红. 中国女性就业状况[J]. 社会学研究, 1995(2): 39-48.

[83]刘爱玉, 佟新, 付伟. 双薪家庭的家务性别分工: 经济依赖、性别观念或情感表达[J]. 社会, 2015, 35(2): 109-136.

[84]刘生龙, 胡鞍钢, 郎晓娟. 预期寿命与中国家庭储蓄[J]. 经济研究, 2012, 47(8): 107-117.

[85]刘鑫财, 李艳. 流动因素对农村已婚妇女家庭地位的影响——基于"第三期中国妇女社会地位调查"陕西省数据的分析[J]. 妇女研究论丛, 2013(5): 34-42.

[86]罗小锋. 父权的延续——基于对农民工家庭的质性研究[J]. 青年研究, 2011(2): 61-71, 95-96.

[87]罗小锋. 制度变迁与家庭策略: 流动家庭的形成[J]. 安徽农业大学学报(社会科学版), 2010, 19(6): 73-78.

[88]《老年人收入与健康支出状况研究》课题组, 李晓西, 刘涛. 老年人收入与健康支出状况研究——以北京市为例[J]. 管理世界, 2008(12): 75-82.

[89]路易斯·亨利·摩尔根. 古代社会[M]. 杨东苑, 马雍, 马巨, 译. 北京: 中央编译出版社, 2007.

[90]孟宪范. 农村劳动力转移中的中国农村妇女[J]. 社会科学战线, 1993(4): 147-154.

[91]麻国庆. 分家: 分中有继也有合——中国分家制度研究[J]. 中国社会科学, 1999(1): 106, 108, 110, 112, 114.

[92]麻国庆. 家庭策略研究与社会转型[J]. 思想战线, 2016, 42(3): 1-6.

[93]马春华. 市场化与中国农村家庭的性别关系[D]. 北京: 中国社会科学院研究生院博士论文, 2003.

[94]马春华, 石金群, 李银河, 王震宇, 唐灿. 中国城市家庭变迁的趋势和最新发现[J]. 社会学研究, 2011, 25(2): 182-216, 246.

[95]穆光宗, 苗景锐. 建设社会主义生育文化的理论和政策问题——宜昌案例分析[J]. 湖北大学学报(哲学社会科学版), 2003(4): 119-122.

[96]米峙. 影响北京市女儿养老支持作用的因素分析[J]. 西北人口, 2007(1): 116-120, 124.

[97]彭希哲, 胡湛. 当代中国家庭变迁与家庭政策重构[J]. 中国社会科学, 2015(12): 113-132, 207.

[98]潘允康, 林南. 中国城市现代家庭模式[J]. 社会学研究, 1987(3):

54-67.

[99]潘鸿雁，孟献平. 家庭策略与农村非常规核心家庭夫妻权力关系的变化[J]. 新疆社会科学，2006(6)：84-89，132.

[100][美]乔纳森·特纳. 社会学理论的结构(第六版)[M]. 北京：华夏出版社，2001.

[101]全国妇联妇女地位调查课题组. 妇女地位：进步还是倒退？——第二期中国妇女社会地位调查研讨会主要观点综述[J]. 妇女研究论丛，2002(6)：49-56.

[102]齐良书. 议价能力变化对家务劳动时间配置的影响——来自中国双收入家庭的经验证据[J]. 经济研究，2005(9)：78-90.

[103]任强，唐启明. 中国老年人的居住安排与情感健康研究[J]. 中国人口科学，2014(4)：82-91，128.

[104]中国社会科学院人口研究所. 当代中国妇女地位抽样调查资料[M]. 北京：万国学术出版社，1994.

[105]单艺斌. 妇女婚姻家庭地位的综合评价法研究[J]. 大连大学学报，2001(5)：15-19.

[106]宋健. 中国农村独生子女的数量与分布[J]. 中国人口科学，2006(4)：88-94，96.

[107]宋健，黄菲. 中国第一代独生子女与其父母的代际互动——与非独生子女的比较研究[J]. 人口研究，2011，35(3)：3-16.

[108]沈奕斐. "后父权制时代"的中国——城市家庭内部权力关系变迁与社会[J]. 广西民族大学学报(哲学社会科学版)，2009，31(6)：43-50.

[109]宋瑞芝. 中国当代妇女教育状况浅析[J]. 社会学研究，1995(5)：86-90.

[110]舒星宇，温勇，宗占红，周建芳. 对我国人口平均预期寿命的间接估算及评价——基于第六次全国人口普查数据[J]. 人口学刊，2014，36(5)：18-24.

[111]石人炳. 我国农村老年照料问题及对策建议——兼论老年照料的基本类型[J]. 人口学刊，2012(1)：44-51.

[112]石人炳，宋涛. 应对农村老年照料危机——从"家庭支持"到"支持家庭"[J]. 湖北大学学报(哲学社会科学版)，2013，40(4)：65-68.

[113]石智雷，杨云彦. 家庭依附、人力资本与女性青年的劳动参与——来自湖北省的数据[J]. 青年研究，2009(5)：16-25，94.

[114]石智雷，赵锋，程广帅. 计生政策、生育选择与农村家庭发展——基于可持续生计分析框架[M]. 武汉：湖北人民出版社，2014.

[115]石智雷. 多子未必多福——生育决策、家庭养老与农村老年人生活质量[J]. 社会学研究，2015，30(5)：189-215，246.

[116]谭深. 农村劳动力流动的性别差异[J]. 社会学研究，1997(1)：44-49.

[117]谭深. 家庭策略，还是个人自主？——农村劳动力外出决策模式的性别分析[J]. 浙江学刊，2004(5)：209-213.

[118]唐灿，马春华，石金群. 女儿赡养的伦理与公平——浙东农村家庭代际关系的性别考察[J]. 社会学研究，2009，24(6)：18-36，243.

[119]佟新. 社会性别研究导论：两性不平等的社会机制分析[M]. 北京：北京大学出版社，2007.

[120]佟新，刘爱玉. 城镇双职工家庭夫妻合作型家务劳动模式——基于2010年中国第三期妇女地位调查[J]. 中国社会科学，2015(6)：96-111，207.

[121]陶春芳，蒋永萍. 中国妇女社会地位概观[M]. 北京：中国妇女出版社，1993.

[122]陶艳兰. 代际互惠还是福利不足？——城市双职工家庭家务劳动中的代际交换与社会性别[J]. 妇女研究论丛，2011(4)：13-19.

[123]陶涛，李丁. 夫妻职业相对地位与家庭幸福感关系研究[J]. 人口研究，2015，39(3)：74-86.

[124]陶涛，丛聪. 老年人养老方式选择的影响因素分析——以北京市西城区为例[J]. 人口与经济，2014(3)：15-22.

[125]田瑞靖. 乡土社会中的"女儿养老"：实践机制及其效果——基于鄂中L村的调查[J]. 南方人口，2013，28(3)：46-53，72.

[126]唐利平，风笑天. 第一代农村独生子女父母养老意愿实证分析——兼论农村养老保险的效用[J]. 人口学刊，2010(1)：34-40.

[127]唐灿. 中国城乡社会家庭结构与功能的变迁[J]. 浙江学刊，2005(2)：202-209.

[128]王金玲. 社会学视野下的女性研究：十五年来的建构与发展[J]. 社会学研究，2000(1)：51-64.

[129]王金玲. 浙江农村妇女家庭地位及变化的性别比较[J]. 浙江学刊，1996(6)：71-76.

[130]王金玲. 家庭权力的性别格局：不平等还是多维度网状分布？[J]. 华中

科技大学学报(社会科学版)，2009，23(2)：62-68，81.

[131]王政，杜芳琴. 社会性别研究选译[M]. 北京：生活·读书·新知三联书店，1998.

[132]王跃生. 中国城乡家庭结构变动分析——基于2010年人口普查数据[J]. 中国社会科学，2013(12)：60-77，205-206.

[133]王跃生. 社会变革与当代中国农村婚姻家庭变动——一个初步的理论分析框架[J]. 中国人口科学，2002(4)：25-35.

[134]王跃生. 城乡养老中的家庭代际关系研究——以2010年七省区调查数据为基础[J]. 开放时代，2012(2)：102-121.

[135]王跃生. 农村老年人口生存方式分析——一个"宏观"与"微观"相结合的视角[J]. 中国人口科学，2009(1)：76-87，112.

[136]王跃生. 中国农村家庭的核心化分析[J]. 中国人口科学，2007(5)：36-48，95.

[137]王广州. 中国独生子女总量结构及未来发展趋势估计[J]. 人口研究，2009，33(1)：10-16.

[138]王会，郭俊霞. 发达地区农村的社会分化与妇女地位[J]. 人文杂志，2014(7)：116-119.

[139]王会，杨华. 从当家权流变看村落社会的内聚与离散——基于对晋西南伯村生活世界的考察[J]. 陕西行政学院学报，2012，26(1)：107-110.

[140]王会，狄金华. "两头走"：双独子女婚后家庭居住的新模式[J]. 中国青年研究，2011(5)：9-12，30.

[141]王红丽，丁志宏. 我国老年人主要经济生活来源的变迁分析——基于性别的视角[J]. 兰州学刊，2013(1)：129-137.

[142]王德福. 养老倒逼婚姻：理解当前农村早婚现象的一个视角[J]. 南方人口，2012，27(2)：37-43.

[143]韦惠兰，杨琰. 妇女地位评价指标体系研究[J]. 兰州大学学报，1999(2)：97-103.

[144]吴惠芳. 留守妇女现象与农村社会性别关系的变迁[J]. 中国农业大学学报(社会科学版)，2011，28(3)：104-111.

[145]吴元清，风笑天. 论女儿养老与隔代养老的可能性——来自武汉市的调查[J]. 人口与经济，2002(5)：49-54.

[146]巫锡炜，郭志刚. 我国从妻居的时空分布——基于"五普"数据的研究[J]. 人口与经济，2010(2)：11-19.

[147]王利兵.家庭策略视角下的农民分家方式探讨——基于闽南北山村的考察[J].民俗研究,2013(5):140-146.

[148]魏程琳,刘燕舞.从招郎到"两头住":招赘婚姻变迁研究[J].南方人口,2014,29(1):59-68.

[149]望超凡,甘颖.农村家庭变迁与女儿养老[J].华南农业大学学报(社会科学版),2019,18(2):59-70.

[150]韦艳."厚此薄彼"还是"同时兼顾"?——农村已婚女性的代际支持研究[J].妇女研究论丛,2017(3):16-26,39.

[151]徐安琪.夫妻权力模式与女性家庭地位满意度研究[J].浙江学刊,2004(2):208-213.

[152]徐安琪.家庭性别角色态度:刻板化倾向的经验分析[J].妇女研究论丛,2010(2):18-28.

[153]徐安琪.夫妻权力和妇女家庭地位的评价指标:反思与检讨[J].社会学研究,2005(4):134-152,245.

[154]徐安琪.家庭结构与代际关系研究——以上海为例的实证分析[J].江苏社会科学,2001(2):150-154.

[155]徐安琪.夫妻伙伴关系:中国城乡的异同及其原因[J].中国人口科学,1998(4):33-40.

[156]徐安琪.女性角色地位的变化与家庭的变迁[J].西南民族学院学报(哲学社会科学版),1990(5):19-23.

[157]徐安琪.城市家庭社会网络的现状和变迁[J].上海社会科学院学术季刊,1995(2).

[158]许琪.儿子养老还是女儿养老?基于家庭内部的比较分析[J].社会,2015,35(4):199-219.

[159]许琪.探索从妻居——现代化、人口转变和现实需求的影响[J].人口与经济,2013(6):47-55.

[160]徐勤.高龄老人的心理状况分析[J].人口学刊,2001(5):45-52.

[161]徐勤.儿子与女儿对父母支持的比较研究[J].人口研究,1996(5):23-31.

[162]熊跃根.国家、市场与家庭关系中的性别与公民权利配置:如何理解女性在就业与家庭之间的选择自由?[J].学习与实践,2012(1):20-33.

[163]阎云翔,龚晓夏.私人生活的变革——一个中国村庄里的爱情、家庭与亲密关系[M].上海:上海书店出版社,2009.

[164]阎云翔. 家庭政治中的金钱与道义：北方农村分家模式的人类学分析[J]. 社会学研究，1998(6)：76-86.

[165]杨云彦. 当"打工妹"人大代表成为新闻热点[J]. 群言，2008(8)：16-19.

[166]杨云彦. 人口迁移与劳动力流动的女性主义分析框架[J]. 2001(6)：12-17，122.

[167]杨云彦. 改革开放以来中国人口"非正式迁移"的状况——基于普查资料的分析[J]. 中国社会科学，1996(6)：59-73.

[168]杨善华，侯红蕊. 血缘、姻缘、亲情与利益——现阶段中国农村社会中"差序格局"的"理性化"趋势[J]. 宁夏社会科学，1999(6)：51-58.

[169]杨善华. 中国城市家庭变迁中的若干理论问题[J]. 社会学研究，1994(3)：78-83.

[170]杨善华，沈崇麟. 城乡家庭：市场经济与非农化背景下的变迁[M]. 杭州：浙江人民出版社，2000.

[171]杨菊华，李红娟，朱格. 近20年中国人性别观念的变动趋势与特点分析[J]. 妇女研究论丛，2014(6)：28-36.

[172]杨菊华，何炤华. 社会转型过程中家庭的变迁与延续[J]. 人口研究，2014，38(2)：36-51.

[173]杨菊华. 传续与策略：1990—2010年中国家务分工的性别差异[J]. 学术研究，2014(2)：31-41，54，159，4.

[174]杨菊华，Susan E. Short. 中国的婚居模式与生育行为[J]. 人口研究，2007(2)：49-59.

[175]杨书章，郭震威. 中国独生子女现状及其对未来人口发展的影响[J]. 市场与人口分析，2000(4)：10-17.

[176]杨华. 隐藏的世界：湘南水村妇女的人生归属与生命意义[D]. 武汉：华中科技大学博士学位论文，2010.

[177]杨金东. "倒金字塔"养老困境下中国已婚独生女儿养老问题探析——以西部K市为例[J]. 青海社会科学，2013(1)：110-115.

[178]叶文振. 孩子需求论——中国孩子的成本与效用[M]. 上海：复旦大学出版社，1998.

[179]叶文振，林擎国. 我国家庭关系模式演变及其现代化的研究[J]. 厦门大学学报(哲学社会科学版)，1995(3)：99-103.

[180]叶文振，夏怡然. 福建女性社会地位的变迁：1990—2000[J]. 福建论坛

（经济社会版），2003（3）：61-64.

[181] 叶华，吴晓刚. 生育率下降与中国男女教育的平等化趋势[J]. 社会学研究，2011，26（5）：153-177，245.

[182] 姚引妹，李芬，尹文耀. 单独两孩政策下独生子女数量、结构变动趋势预测[J]. 浙江大学学报（人文社会科学版），2015，45（1）：94-104.

[183] 严梅福. 婚嫁模式影响妇女生育性别偏好的实验研究[J]. 中国人口科学，1995（5）：11-16.

[184] 严梅福，石人炳. 中国农村婚嫁模式在生育率下降中的作用[J]. 中国人口科学，1996（5）：32-38.

[185] 鄢盛明，陈皆明，杨善华. 居住安排对子女赡养行为的影响[J]. 中国社会科学，2001（1）：130-140，207-208.

[186] 郑杭生. 社会学概论新修[M]. 北京：中国人民大学出版社，2003.

[187] 朱爱岚. 中国北方村落的社会性别与权力[M]. 南京：江苏人民出版社，2004.

[188] 周天枢，傅海莲. 女性学新论[M]. 武汉：华中师范大学出版社，2010.

[189] 曾毅，王正联. 中国家庭与老年人居住安排的变化[J]. 中国人口科学，2004（5）：2-8.

[190] 曾毅，李伟，梁志武. 中国家庭结构的现状、区域差异及变动趋势[J]. 中国人口科学，1992（2）：1-12，22.

[191] 曾毅，陈华帅，王正联. 21 世纪上半叶老年家庭照料需求成本变动趋势分析[J]. 经济研究，2012，47（10）：134-149.

[192] 左冬梅，李树茁，宋璐. 中国农村老年人养老院居住意愿的影响因素研究[J]. 人口学刊，2011（1）：26-33.

[193] 张现苓，翟振武. 婚居模式对农村妇女生育孩子性别的影响[J]. 中国人口科学，2013（6）：50-58.

[194] 周长城，刘红霞. 生活质量指标建构及其前沿述评[J]. 山东社会科学，2011（1）：28-31.

[195] 左际平. 20 世纪 50 年代的妇女解放和男女义务平等：中国城市夫妻的经历与感受[J]. 社会，2005（1）：182-209.

[196] 庄渝霞. 中西方关于女性社会地位的理论综述[J]. 社会，2003（12）：40-43.

[197] 郑丹丹，杨善华. 夫妻关系"定势"与权力策略[J]. 社会学研究，2003（4）：96-105.

[198]朱斌,乔天宇."妻管严"的婚姻生活幸福吗?——基于家庭权力关系与婚姻满意度的分析[J].青年研究,2015 (5):85-93.

[199]钟年.居住模式与生育文化[J].人口与发展,2001,7(2):47-52.

[200]张永健.家庭与社会变迁——当代西方家庭史研究的新动向[J].社会学研究,1993(2):97-103,96.

[201]张永.当代中国妇女家庭地位的现实与评估[J].妇女研究论丛,1994(2):11-16,64.

[202]张传红,李小云.流动家庭性别关系满意度变化研究——以北京市农民工流动家庭为例[J].妇女研究论丛,2011(4):37-43.

[203]张文娟.儿子和女儿对高龄老人日常照料的比较研究[J].人口与经济,2006(6):9-13,18.

[204]张航空.儿子、女儿与代际支持[J].人口与发展,2012,18(5):17-25.

[205]张翠娥,杨政怡.名实的分离与融合:农村女儿养老的现状与未来——基于山东省武城县的数据分析[J].妇女研究论丛,2015(1):12-19.

[206]张翠娥,杨政怡.现代性、子女资源与农村居民对女儿养老的态度——基于江西省寻乌县的定量分析[J].软科学,2014(1):119-123,127.

[207]张翠娥,杨政怡.新宗族背景下农村女儿养老何以可为[J].青年研究,2014(4):39-47.

[208]张翠娥,杨政怡.农村女儿养老的社会认同及影响因素分析——基于江西省寻乌县的调查数据[J].妇女研究论丛,2013(5):27-33.

[209]张秋霞.高龄老人心理状况与健康长寿关系研究[J].中国人口科学,2004(S1):88-92,177.

[210]章洵.农村多子女家庭养老代际交换的性别差异——基于湖北省钟祥市L村一个典型案例[J].社会科学论坛,2014(3):238-242.

[211]Thornton A, Fricke T E. Social change and the family: comparative perspectives from the west, China, and South Asia[J]. Sociological Forum, 1987, 2(4):746-779.

[212]Sanduleasa A B. Gender roles and attitudes towards family life and paid work in Romania[J]. Postmodern Openings, 2014, 5(4):17-29.

[213]Bertrand M, Pan J, Kamenica E. Gender identity and relative income within households [J]. Social Science Electronic Publishing, 2015, 130 (2):571-614.

[214]Almond D, Milligan E K. Son preference and the persistence of culture:

evidence from south and east asian immigrants to Canada[J]. Population and Development Review, 2013, 39(1): 75-95.

[215] Dr K. Kiran. Women status in India[J]. International Journal of Creative Research Thoughts, 2013(1).

[216] Becker G S, Tomes N. Child endowments and the quantity and quality of Children[J]. Journal of Political Economy, 1976(84).

[217] Gary S. Becker. An economic analysis of fertility, demographic and economic change in developed countries[M]. New York: Columbia University Press, 1960: 209-240.

[218] John Bongaarts. Household size and composition in the developing world in the 1990s[J]. Population Studies, 2001, 55(3): 263-279.

[219] Seltzer J A, Bachrach C A, Bianchi S M, et al. Explaining family change and variation: challenges for family demographers [J]. Journal of Marriage & Family, 2005, 67(4): 908-925.

[220] Jack Goody. Comparing family systems in Europe and Asia: are there different sets of rules? [J]. Population and Development Review, 1996, 22 (1): 1-20.

[221] J. Hanjal. Two kinds of preindustrial household formation system [J]. Population and Development Review, 1982, 8(3): 449-494.

[222] Kana Fuse. Daughter preference in Japan: a reflection of gender role attitudes? [J]. Demographic Research, 2013(28): 1021-1051.

[223] Logan John R, Fuqin Bian, Yanjie Bian. Tradition and change in the urban Chinese family: the case of living arrangements[J]. Social Forces, 1998, 76 (3): 851-882.

[224] Cohen M L. Family management and family division in contemporary rural China[J]. The China Quarterly, 1992(130): 357-377.

[225] Maurice Freedman. The family in China, past and present [J]. Pacific Affairs, 1961, 34(4): 323-336.

[226] Marie Valentova. Age and sex differences in gender role attitudes in Luxembourg between 1999 and 2008 [J]. Work Employment and Society, 2013, 27(4): 639-657.

[227] Galor O., Wei D. N. The gender gap, fertility, and growth [J]. The American Economic Review, 1996, 86(3): 374-387.

[228] Siwan Anderson. The economics of dowry and brideprice [J]. Journal of Economic Perspectives, 2007, 21(4): 151-174.

[229] Simon Kuznets. Size and age structure of family households: exploratory comparisons [J]. Population and Development Review, 1978, 4 (2): 187-223.

[230] Hesketh T, Lu L, Xing Z W. The effect of China's one-child family policy after 25 Years[J]. The New England Journal of Medicine, 2005, 353(11): 1171-1176.

[231] Burch T K. The size and structure of families: a comparative analysis of census data[J]. American Sociological Review, 1967, 32(3): 347-363.

[232] Tendai Mangena, Sambulo Ndlovu. Implications and complications of bride price payment among the Shona and Ndebele of Zimbabwe[J]. International Journal of Asian Social Science, 2013, 3(2): 472-481.

[233] Xie Y, Zhu H. Do sons or daughters give more money to parents in urban China? [J]. Journal of Marriage & Family, 2009, 71(1): 174-186.

后　记

　　这部《女儿在养老中的角色与养老模式变迁研究》是根据我的博士毕业论文整理而成。在攻读硕士研究生期间，我参加了贺雪峰教授组织的农村社会调查，当时就对农村家庭中女儿的角色变化产生了兴趣。此后一直关注并研究这一现象。读博期间，在我的导师杨云彦教授的支持和指导下，我将经济学分析方法与社会学的质性研究方法结合，尝试深入全面的研究城乡女性在家庭中的地位变化以及其对当代家庭变迁的影响，最终完成博士毕业论文。

　　成书之际，我想在这里向我的老师们致谢。感谢我的老师杨云彦教授，老师的教诲让我在各个方面获得成长。不论是论文的完成，还是对我的精神品格的指引，都凝聚了老师的诸多心血。感谢贺雪峰教授在硕士期间带领我步入学术研究的殿堂。感谢中南财经政法大学公共管理学院城市经济管理系的老师们给我提供了诸多支持，帮助我克服了论文写作中的难关。感谢求学路上所有的老师们！

　　这本书得以出版，还要感谢武汉轻工大学马克思主义学院院长胡沫教授、张加明教授的支持。

　　尽管付出了努力，但论文中的缺点与不足在所难免，敬请批评指正！

田瑞靖
2020 年 12 月于湖北武汉